RÉV. DR. FÉNITON JACQUET

RÉSOLUTION DES PROBLÈMES DE COMPORTEMENT
DANS LA COMMUNAUTÉ CHRÉTIENNE

Apports de la psychologie et de la théologie

Résolution des Problèmes de Comportement

Dans la Communauté Chrétienne

CreateSpace

Columbia, SC, 2018

Printed in the United States of America

RÉV. DR. FÉNITON JACQUET

RÉSOLUTION DES PROBLÈMES DE COMPORTEMENT
DANS LA COMMUNAUTÉ CHRÉTIENNE

Apports de la psychologie et de la théologie

CreateSpace

Columbia, SC

Mes remerciements au Rév. Dr. Jean René Auguste pour sa participation à la révision et à la correction des textes ; à mon épouse Hilda Jacquet pour son support indéfectible à mon ministère et ma mère tendre Mergénie Jacquet.

In memoriam Frankel Jacquet

TABLE DES MATIÈRES

Préface

Dans certains milieux évangéliques, il y a un préjugé défavorable à l'égard de la psychologie. On voit d'un mauvais œil quelqu'un qui conseille à un couple chrétien en difficulté d'aller voir un psychologue. L'idée qui sous-tend une telle attitude veut que la psychologie n'existe que pour les gens à l'esprit dérangé. Certaines gens vont même jusqu'à mettre en opposition psychologie et théologie.

La vérité est qu'on ne saurait parler d'opposition entre les deux. Nous avons là deux disciplines scientifiques qui ont chacune son but, ses méthodes, ses théories et son champ de spécialisation. Dans le contexte où Dr Jacquet situe sa démarche, nous devons apporter une précision visant à montrer que la psychologie comporte plusieurs branches dont entre autres la psychologie générale et la psychologie sociale.

Dans ce travail de recherche, c'est à la psychologie sociale que l'auteur fait appel. Il y trouve le schéma explicatif qu'il lui faut pour répondre à la question qu'il se pose sur les grands problèmes de comportements humains auxquels la communauté chrétienne est confrontée. Parler de comportements humains revient ipso facto à parler de comportements sociaux, car il n'y a rien d'humain qui ne soit en même temps de l'ordre du social, en ce sens que l'humain n'existe que dans son rapport à l'autre.

La prise en compte de cette réalité porte certains psychologues sociaux à ne pas séparer l'humain du social. C'est le cas de Kurt Lewin qui est le premier à les jumeler et à esquisser « une théorie générale du comportement social humain. »

Il est juste de rappeler ici que la psychologie sociale est « une science qui vise à comprendre et à expliquer comment les pensées, les sentiments et les conduites des individus sont influencés par la présence réelle, imaginaire ou implicite d'autrui. » En d'autres termes, ce à quoi la psychologie sociale s'intéresse, c'est aux comportements sociaux. Son champ de préoccupation, c'est la relation entre deux sujets ou plus face à un objet.

Que peut-on dire de la théologie ? La question a été posée vers le dernier quart du siècle dernier, celle à savoir si la théologie peut avoir le statut de science. La réponse ne fait aucun doute pour Pannenberg qui présente la théologie comme une science que l'on découvre en train de dialoguer avec les sciences naturelles.

Comme discipline scientifique, la théologie se situe donc au même niveau que la psychologie sociale, sauf que «Of all disciplines, theology is that one where action and thought, academy and church, faith and reason, the community of inquiry and the community of commitment and faith are most explicitly and systematically brought together» (in R. Petersen & all, 2002, P15).

Il y a de plus en plus une remise en question de l'orientation que prennent certaines approches théologiques. C'est dans cette optique que Peterson et Rourke cherchent à isoler la bonne théologie de la mauvaise. Pour eux, «Good theology must create good praxis. It is not enough to transmit the word faithfully. It is equally important to challenge the root cause of human misery and confront and judge every historical situation with the searing truth of the Gospel. » (2009, P.)

Quoi qu'il en soit, ces deux auteurs ne s'arrêtent pas là. Ils continuent en disant: « Authentic theology must be concerned and involved with the problems and ills that afflict humanity. » On est loin de la vieille école de pensée qui veut que la théologie ne soit plus de saison pour cette raison bien simple à savoir qu'elle se désintéresse de ce qui touche aux problèmes humains.

Les solutions que la théologie apporte à ces problèmes peuvent être différentes de celles proposées par la psychologie sociale. Mais il n'y a pas de contradiction entre les deux. On doit plutôt parler de complémentarité. Autrement dit, les apports de ces deux disciplines à la compréhension et la résolution des problèmes liés aux comportements humains sont complémentaires et s'avèrent importants.

Justement, le Dr Jacquet qui analyse la situation actuelle de la communauté chrétienne prend appui sur ces deux disciplines pour isoler les problèmes de comportements humains qui l'affectent. L'objectif qu'il poursuit est de proposer des pistes de solutions susceptibles d'aider les gens de cette communauté à juguler ces problèmes, en vue d'avoir une vie plus harmonieuse, plus riche et plus belle.

Les points développés par le Dr Jacquet portent sur un certain nombre de sujets qu'il aborde avec toute l'objectivité propre à un chercheur dont l'honnêteté ne peut être mise en doute. Un des points clés est la relation d'aide qu'il qualifie de soin pastoral. En tablant sur la théologie et la psychologie sociale, le Dr Jacquet laisse clairement entendre que son approche qui est centrée sur la résolution des problèmes socio-affectifs des gens se veut tout à fait holistique. C'est là l'une des raisons pour lesquelles nous recommandons chaudement la lecture de ce livre.

Rév. Dr Jean-René Auguste

Introduction

Il y a très peu de sujets qui engendrent autant de débats et de confusions parmi les chrétiens que l'étude du processus mental et du comportement humain – communément appelée psychologie. Certains psychologues considèrent le Christianisme comme obsolète compte tenu de leur compréhension avancée des neurosciences. De leur côté, de nombreux chrétiens croient que la psychologie n'est pas nécessaire. Ils pensent que tout ce que l'on peut savoir sur les esprits humains est dans la Bible. En effet, il semble que la psychologie soit aujourd'hui l'un des sujets les plus controversés de l'Eglise. Pour beaucoup d'observateurs chrétiens, bien que la psychologie semble être une sorte de religion rivale, l'inclusion des principes psychologiques dans le conseil chrétien est très importante. Ils croient qu'il faut éviter les extrêmes.

Les experts acceptent presqu'unanimement que la religion, la spiritualité et la santé mentale aient toujours été une source de controverses. Ils ont déployé de nombreux efforts pour séparer la religiosité ou la spiritualité de la science du mental. Certains ont même prédit que la religion disparaitrait. Certains chercheurs et institutions ont essayé de ne pas inclure la religion dans le programme de formation des professionnels de la santé. Cependant, aujourd'hui, les choses commencent à changer, car au cours des dernières décennies, il y a un immense intérêt pour la spiritualité dans les domaines de la psychologie laïque et de la psychiatrie.

Plusieurs ouvrages ont été publiées montrant des preuves scientifiques avérés concernant la nouvelle relation de la religion et de la psychologie. L'évolution du paysage religieux au cours des dernières décennies a donné lieu à une réévaluation de la façon dont ces termes ont été conçus et perçus. Les thèmes « spirituel » et « spiritualité » ont été utilisés à travers les religions, l'art, la nature et l'environnement bâti depuis des siècles.

La communauté religieuse a lutté pendant des décennies pour comprendre les relations entre les conseils chrétiens et les conseils psychologiques séculiers. Pour plusieurs érudits bibliques, une compréhension de la vraie nature de la psychologie laïque peut être très utile à l'église dans l'accomplissement de sa mission. Cependant, même aujourd'hui, beaucoup de croyants considèrent la psychologie comme une menace implicite à l'église et au pouvoir de l'Écriture Sainte. Certains chercheurs soutiennent que le christianisme et la psychologie sont des systèmes factuels concurrents, qui ont des racines différentes et qu'ils ne peuvent être compatibles. En effet, la psychologie soutient la distinction entre le fait et la théorie, tandis que la théologie maintient la distinction entre la révélation biblique et l'interprétation biblique.

La psychologie et la théologie sont toutes deux des systèmes de pensées axés sur le même objet. Par conséquent, il n'y a pas de discordance intrinsèque entre la réalité de la psychologie et l'évidence de la révélation biblique. Dans cette recherche, nous allons démontrer l'importance et la place de la théologie et de la psychologie dans la communauté chrétienne. Essentiellement comment les deux disciplines travaillent ensemble pour faire face aux problèmes moraux et sociaux qui envahissent l'Eglise d'aujourd'hui. Nous allons explorer cette question dans les sections suivantes : A) L'intrication de la psychologie et de la théologie chrétienne. B) L'évidence de la relation entre la religiosité et la santé mentale. C) Comment le christianisme et la théologie laïque se joignent-ils en vue de résoudre les problèmes moraux et sociaux qui envahissent la communauté ? Face au problème de la corruption qui devient de plus en plus omniprésent dans tous les aspects de l'activité humaine et qui s'invite chez les membres et les familles de l'église, le soin pastoral devient également de plus en plus important. Nous allons aussi analyser les besoins ou l'importance du soin pastoral face à certains problèmes comportementaux humains significatifs qui affectent l'église tels que la violence domestique, l'adultère, l'effémination. Autrement dit, comment le soin pastoral et le ministère chrétien traitent-t-ils ces problèmes majeurs cités plus haut et qui envahissent la communauté ecclésiale ?

Rév. Dr. Féniton Jacquet

Chapitre I

Psychologie versus christianisme

À première vue, la psychologie et le christianisme seraient contradictoires. Pour certains, la psychologie est une réponse complète à la condition humaine et une porte ouverte sur une vie meilleure. De nombreux psychologues pensent que la foi en Dieu est une illusion qui a été créée comme une sorte de mécanisme d'adaptation. De nombreux chrétiens essaient de réduire et de sous-estimer l'importance de la psychologie.

Les chrétiens qui sont impliqués dans des conseils bibliques pensent que la Bible possède tout ce qui est nécessaire pour surmonter tout problème psychologique ou autre. Ils soutiennent que la psychologie n'est pas nécessaire parce que l'Écriture Sainte, à elle seule, est un manuel de vie. Certains chrétiens croient que les luttes d'une personne sont principalement spirituelles et que seul Dieu peut guérir. Cependant, les psychologues laïques ne peuvent s'empêcher de réclamer des perturbations biologiques ou du développement auquel l'homme peut se résoudre.

"Une des raisons pour lesquelles de nombreux chrétiens hésitent à accepter les méthodes et les résultats de la psychologie, c'est qu'ils supposent qu'il existe des conflits inhérents entre la psychologie et le christianisme. De même, de nombreux psychologues non chrétiens se sont détournés des phénomènes religieux et des concepts bibliques en raison de la supériorité supposée de la méthode scientifique et la peur de contaminer leurs efforts avec la « subjectivité » de la religion. Bien qu'il existe des conflits entre la théorisation psychologique et les interprétations théologiques, la nature et l'étendue de ces conflits ont souvent été mal comprises et exagérées. Ce qui semble être une relation d'adversité entre la psychologie et le christianisme, et cela s'oppose au processus d'intégration."[1]

Les auteurs Carter & Narramore, dans leur livre intitulé *The Integration of Psychology and Theology* nous enseignent qu'« ils ont rempli l'histoire du christianisme avec des incidents dans lesquels ils ont provoqué une énorme fureur sur ce qui était un conflit entre la théologie et la science. Parfois, les affirmations théologiques ont été justifiées puisqu'une fois, les conceptions scientifiques populaires ont pris leur place avec d'autres « faits » ou théories dépassés ou non prouvés. À d'autres occasions, les temps ont

---

[1]John D. Carter and Bruce Narramore, The Integration of Psychology and Theology (Grand Rapids: Zondervan Publishing House, 1979), 20.

prouvé que la théologie était erronée et que les résultats de la science étaient solides. »[2]

Rappelons-nous le rejet de la théorie de Copernic par l'Église Catholique Romaine. La théorie copernicienne a déclaré que la terre tourne quotidiennement sur son axe et que cette planète orbite autour du soleil. Il a suggéré et affirmé que la terre n'était pas le centre de l'univers. Mais l'Église Romaine l'a accusé d'être hérétique à cette époque-là, et il a été jugé par l'Inquisition à Rome en 1615. Le rejet par l'église Catholique de la théorie copernicienne était la manifestation concrète du conflit entre la science et la religion. Cependant, la théorie de Copernic a été progressivement acceptée comme un fait scientifique au cours des derniers siècles qui ont suivi.

---

[2] Ibid, Pp 20, 21.

Chapitre II

Sources de tension entre psychologie et théologie

La première source de tension ressentie par les chrétiens à l'égard de la psychologie vient de la difficulté de délimiter la psychologie en tant que discipline (elle commence où, elle s'arrête où). Beaucoup de scientifiques ne se sentent pas à l'aise pour tracer une frontière entre la psychologie chrétienne et la physiologie laïque, la neurologie, la sociologie ou la philosophie.

"Parce que la psychologie a tendance à couvrir un large éventail de sujets, il est difficile de se concentrer sur des points de contact spécifiques entre les connaissances psychologiques et la croyance et la pratique chrétienne. Beaucoup de chrétiens ont tenté d'intégrer les différents modèles de psychologie contemporaine et d'identifier leurs hypothèses sous-jacentes communes, ils ont quelquefois repris des implications sur la nature de l'humanité qui sont incompatibles avec les Écritures."[3]

La deuxième source de conflit résulte du fait que la théologie utilise souvent des termes qui, par leur essence, ne sont pas particulièrement observables, mais qui néanmoins aident des événements visibles à être significatifs.

> "Les constructions théoriques permettent les définitions opérationnelles et les modèles de construction par les scientifiques. Les modèles représentent souvent le cadre mental de l'individu qui construit le modèle. La théologie nous fournit d'autres constructions théoriques pour nous aider à construire des modèles de création qui peuvent guider notre examen approfondi de la nature. Le problème, bien sûr, est que les constructions théologiques et psychologiques peuvent créer des controverses et donner lieu à des conflits."[4]

Une troisième et dernière source de désaccord entre les deux disciplines, c'est que certains scientifiques sociaux sont des athées.

> "La mesure ou l'extension à laquelle les scientifiques excluent de leur pensée le concept de Dieu influencera directement le type de modèles qu'ils construisent pour faire face aux données qu'ils observent."[5]

---

[3] Paul, D. Meier, Frank B. Minirth, et al...Introduction to Psychology and Counseling, (Grand Rapids, 1991), 31.
[4] Ibid, 31-32.

L'Église a parfois réfuté des résultats de la science psychologique clinique ou s'est approprié sans discernement d'autres résultats. Mais il y a eu des discussions utiles sur l'intégration responsable de la théologie et de la psychologie chrétiennes. La psychologie et la théologie ont une métaphysique sous-jacente (ce que nous sommes) et ethnique (comment nous devrions être) et nous devons reconnaitre qu'elles sont complexes. L'une ou l'autre cherche à comprendre, à aider et à améliorer les différents problèmes mentaux et émotionnels auxquels les gens font face quotidiennement.

L'intégration n'est pas une tâche facile, du fait qu'il y a plusieurs variations et interprétations dans les deux disciplines. Il devrait y avoir une approche qui considère certaines similitudes entre la théologie et la psychologie dans le concept biblique de la création, de la chute, et de la rédemption.

---

[5] Idem, 32.

Chapitre III

Les origines de la psychologie

La psychologie est de la famille des sciences les plus jeunes. Wilhelm Wundt, un psychologue célèbre, a fondé à Leipzig, en Allemagne, un laboratoire où il a effectué des tests psychologiques. En 1879, il a été crédité du titre de premier psychologue, et la psychologie qualifiée de discipline scientifique et académique indépendante. Pour sa part, ses prédécesseurs ont mis l'accent sur la philosophie de l'esprit ou sur la philosophie du cerveau, Wundt a utilisé les deux approches pour développer une approche expérimentale afin de comprendre le comportement humain. Wundt a tenté de comprendre les composantes de la conscience.

En 1890, William James a écrit le premier manuel général de psychologie, « Les principes de la psychologie ». James y souligne la fonction de la conscience. Au cours des années 1920, le psychologue américain John B. Watson a amené un troisième point de vue, celui du comportement. Le plus grand behavioriste était B.F. Skinner, dont les généralisations et les théories développées caractérisent aujourd'hui l'école psychologique du behaviorisme.

En Europe, la science de la psychologie a connu un développement significatif et les théories psychologiques ont été dominées par les travaux de Sigmund Freud sur l'inconscience et les expériences de la petite enfance. Freud a développé la « théorie de l'entraînement (Drive theory) : un modèle de développement psychosexuel ». Selon la théorie de la conduite psychosexuelle, Freud a façonné chaque phase du développement de l'enfant par une zone érogène ou une zone physique de plaisir sexuel, un lecteur, un objet ou une personne à qui s'adresse le volant, le problème psychosexuel auquel l'individu est confronté à ce Stade de développement, le groupe de traits de caractères qui émergent à chaque stade du développement de l'enfance et les types de symptômes qui peuvent survenir à chaque étape du développement.

> "Freud a divisé le développement psychosexuel de l'enfance en cinq étapes : 1. La petite enfance, 2. L'enfance, 3. Le stade phallique ou oedipal, 4. La latence et 5. L'adolescence (stade génital)."[6]

Le système de Freud s'appelait la psychanalyse. Après Sigmund Freud, un psychiatre Suisse, Carl Jung, a eu de grandes différences avec Freud, plus précisément, ses théories de l'inconscient collectif, mais il s'est concentré sur le fonctionnement interne de l'esprit affecté par l'expérience. Ils affirment qu'ils ont développé le

---

[6] Joan Berkoff, et al..., Inside Out and Outside, (Jason Aronson, NJ, 1996), 29.

cinquième système de pensée en psychologie au cours des trente dernières années avec la combinaison de facteurs biologiques avec responsabilité personnelle et prise de décision. Cette école cognitiviste est l'une des écoles ayant la plus forte croissance dans la psychologie moderne.

Chapitre IV

Relation entre la psychologie et le christianisme

La psychologie n'est pas une religion concurrente, mais c'est un domaine d'étude qui pourrait finalement conduire à « une compréhension plus profonde de l'humanité et, par conséquent, de Dieu en tant que créateur, sauveur et guérisseur ». Les conseillers chrétiens utilisent parfois certaines théories psychologiques, mais ils n'acceptent pas toutes les philosophies sous-jacentes qui nient Dieu ou les vérités bibliques. Apparemment, les conseillers chrétiens utilisent la psychologie comme un outil, mais ils ne la considèrent pas comme une vérité absolue.

La psychologie et la théologie affirment la valeur intrinsèque et la valeur de l'être humain. Les deux reconnaissent que les gens sont fondamentalement spirituels et qu'ils sont plus qu'une collection aléatoire de neurones. Les gens sont aussi intimement relationnels : les psychologues professionnels utilisent la relation thérapeutique elle-même comme moyen de guérison, et les théologiens soulignent l'importance de la communauté Chrétienne ou l'église. Il n'est pas nécessaire de dire que les êtres humains sont rationnels, la psychologie aussi bien que la théologie s'appuient sur cette capacité de raison. Les hommes naissent, pourvus de sens moraux, avec une compréhension du bien et du mal.

En fin de compte, la foi nous apprend que les humains ont le libre arbitre, tandis que la psychologie sait que la possibilité de choisir est essentielle à tout processus de conseil.

> "Qu'on qualifie les liens de la Bible et de la psychologie comme « intégration » ou « interface »de la psychologie et de la théologie ou la « relation »de la foi et de l'apprentissage n'est pas notre principale préoccupation. Ce qui importe, c'est la notion de lutte avec la relation entre les découvertes de la psychologie et la révélation de la Bible."[7]

Selon la psychologie et la théologie, il y a quelque chose qui ne tourne pas rond avec l'humanité. On parle ici des comportements destructeurs, des vies mentales tourmentées, l'aliénation profonde de soi et de l'autre. Pour les théologiens Chrétiens et tous les vrais croyants en Jésus Christ c'est un péché. Tandis que pour les psychologues, le plus souvent c'est une maladie. Les deux conviennent que l'essence du problème est relationnelle. Les blessures se produisent dans une relation et causent la culpabilité, la honte, l'anxiété, la dépression, les perceptions désordonnées et une mauvaise estime de   soi.

---

[7] Carter & Narramore, p. 16

Par conséquent, quel est le lien entre la psychologie et la foi ?

> "L'historien John Henley B. a identifié trois thèmes distinctifs récurrents dans la relation entre la science et la religion : 1. Conflit inévitable, un point de vue détruit par les historiens de la science au cours des dernières décennies ; 2. Complémentarité, l'opinion que si seulement les scientifiques et les théologiens ont formulé leurs déclarations plus clairement, Ils se rendraient compte qu'ils étaient complémentaires; 3. Complexité : pour citer Brooke, "Une érudition sérieuse dans l'histoire de la science a révélé une relation si extraordinairement riche et complexe entre la science et la religion dans le passé que les thèses générales sont difficiles à maintenir."[8]

Le christianisme a toujours contribué à la psychologie. Pendant de nombreux siècles, on a impliqué les chrétiens à la fois en psychologie et en théologie. Ils prouvent historiquement que les chrétiens ou l'église ont été impliqués dans la prise en charge des malades mentaux. Au Moyen Âge, les prêtres ou le clergé étaient avant tout les bons Samaritains qui prenaient soin des personnes mentalement perturbées

---

[8] David G. Myers & Malcolm A. Jeeves, Psychology (Harper One, NY, 2003), 4.

En résumé, la psychologie et la théologie chrétienne sont deux disciplines distinctes qui offrent une perspective complémentaire sur l'expérience humaine. Bien que complémentaires, chacune devrait conserver sa voix distinctive.

Pour Myers, la Psychologie est «la science du comportement et du processus mental ». La discipline de la psychologie devrait permettre de poursuivre ses recherches selon sa méthodologie. Par conséquent, quelle est l'étendue de la psychologie ?

Chapitre V

L'étendue de la psychologie

La psychologie vient du mot grec *psychè* (esprit) et *logos* (étude) signifiant « l'étude des personnes ». L'accent a été mis sur la philosophie de la mentalité ou la philosophie du cerveau, Wundt utilise les deux emphases pour développer une approche expérimentale de la compréhension du comportement humain. Wundt utilise l'introspection or l'observation de soi dans laquelle l'individu fait l'expérience d'un évènement et ensuite il essaie de le décrire. Selon le dictionnaire d'Oxford, la psychologie est « l'étude scientifique de l'être humain, l'esprit et ses fonctions, en particulier ceux qui affectent le comportement dans un contexte donné. C'est la caractéristique mentale ou l'attitude d'une personne ou d'un groupe. "

La psychologie est religieuse en ce sens qu'elle implique l'étude de l'esprit ou de l'âme. Mais, nous devrions nous rappeler qu'en raison de la nature évolutive de la langue, l'origine du mot ou l'étymologie n'indique pas obligatoirement ce que signifie le mot dans la pratique contemporaine. Dans sa forme actuelle, la psychologie ne devrait pas faire de déclarations religieuses à propos de l'esprit ou de l'âme humaine, mais il s'agirait plutôt d'aspects personnels non commutables.

La Bible confirme la réalité de la nature humaine spirituelle comme « l'âme » ou « l'esprit ». Cependant, il y a une fonction importante de ce côté immatériel qui comprend le raisonnement, la communication, les émotions, la mémoire et l'interaction sociale, qu'on peut étudier dans une certaine mesure sans avoir pleinement compris comment ces aspects se rapportent à une relation avec Dieu. Ici, on veut parler de l'orientation de la psychologie.

Selon un manuel de traduction chrétienne, la psychologie est « l'étude scientifique du comportement et de la pensée de l'organisme ». Les savants ou experts chrétiens explorent comment les êtres vivants interagissent avec leur environnement.

Comment expliquer la psychologie et la méthode scientifique ?

Chapitre VI

Psychologie et méthode scientifique

La branche de la philosophie qui étudie la connaissance s'appelle l'épistémologie ou la « théorie de la connaissance ». Il existe plusieurs façons de savoir. Nous pouvons connaître par intuition, processus rationnel, révélation, expérience directe, expérience probable, comme l'histoire et le témoignage, par l'expérimentation, etc. Les spécialistes pensent que « différents moyens de savoir sont utiles pour différents types de connaissances ».

Bien que la science vise le monde matériel, l'expérimentation doit voir avec le noyau du processus de connaissance scientifique. En fait, il devrait être clair pour tout le monde que l'expérimentation n'est pas isolée de tous les autres types de savoir. Les experts pensent que l'expérience ne peut pas être planifiée, menée et évaluée sans utiliser de processus rationnel aussi. L'expérimentation et la science sont si associées que la plupart du temps, elle est appelée «la méthode scientifique ».

Pour sa part, la méthode scientifique doit impliquer le triple processus d'hypothèses, de test, qui est l'expérimentation en soi et l'évaluation. De plus, dans ce triple processus, nous trouvons des facteurs supplémentaires, qui sont : l'observation, le calcul, la répétition statistiquement significative, l'élimination d'autres facteurs et causes, la compensation des biais individuels et l'examen critique.

> « Chaque fois que la psychologie est passée du domaine de la philosophie au domaine de la science, elle intègre la méthode scientifique dans la théorie, la recherche et l'application psychologiques. Cependant, une application cohérente et complète de la méthode scientifique est impossible en psychologie en raison de certaines caractéristiques uniques. »[9]

Pour certains experts, le facteur le plus important qui empêche les méthodes scientifiques d'être acquiesçantes de manière satisfaisante dans le domaine de la psychologie est la variable de la prise de décision humaine. Cela se produit surtout lorsque la psychologie étudie le comportement humain comme une loi scientifique qui régit le monde matériel, comme pour « cause et effet ». La plupart de ces postulats, cependant, ne sont pas valides dans un cadre décontracté ou indéterminé.

Certains prétendent que l'on ne devrait pas voir la psychologie comme une discipline scientifique, en raison du fait qu'il existe des

---

[9] Meier, et al..., Christianity and the Nature of Science: A Philosophical Investigation (Grand Rapids: 1989) 196-202

problèmes variés et significatifs dans l'application uniforme de la méthode scientifique dans ce domaine. Paul Meier et ses co-auteurs résument l'auteur chrétien et l'ancien professeur de psychologie, Mary Stewart, Van Leeuwen, en ce qui concerne les hypothèses de paradigmes matérialistes étroites de la psychologie.

Selon Van Leeuwen, il y a un scepticisme quant à savoir si l'approche que les physiciens et les biologistes utilisent est utile pour l'étude du comportement humain et de la pensée. Le paradigme est-il défectueux ? Les méthodes de recherche et les théories produites par ce paradigme sont également suspectes. L'auteur doute des hypothèses strictes de cause à effet des scientifiques naturels et favorise plutôt la reconnaissance de la liberté de choix des gens. Van Leeuwen voit la présence de la flexibilité : la tendance des participants à une expérience de penser à la recherche et ainsi modifier leur comportement serait autrement.

Il n'est pas exagéré de dire que la psychologie n'est pas monolithique ; Il existe diverses théories de la psychologie. Certaines d'entre elles se contredisent. Le concept de la nature humaine, la lutte pour la vie, la santé et la modalité de traitement en psychologie couvrent un large spectre. De nombreux conseillers et psychologues de l'ère moderne pratiquent quelque peu éclectiquement ; Il ne se conforme pas strictement aux principes freudiens ou jungiens, mais ils sont versés dans plusieurs théories et utilisent différentes parties des méthodes pour diverses questions de présentation.

Beaucoup de conseillers chrétiens adoptent souvent certaines théories psychologiques en partie. Cependant, ils n'embrassent aucune philosophie sous-jacente qui nie Dieu ou les vérités bibliques. Apparemment, les conseillers chrétiens voient dans la psychologie un outil, mais ils ne la considèrent pas comme une vérité absolue. La science de la santé mentale n'est pas une religion concurrente, mais un domaine d'étude qui pourrait conduire à une compréhension plus profonde de l'humanité et, par conséquent, de Dieu en tant que Créateur, Sauveur et Guérisseur.

Chapitre VII

Conseil Biblique

Il est important d'expliquer que le conseil biblique est une forme de conseil qui ne dépend que de l'Écriture et du pouvoir du Saint-Esprit pour obtenir des résultats. Au lieu de promouvoir toute théorie psychologique, les conseillers bibliques affirment que la Bible est suffisante pour toutes les difficultés humaines. L'Écriture parle notamment du pouvoir du Saint-Esprit pour transformer nos vies.

La Bible, qui est la parole de Dieu, est puissante et permet à une personne juste d'être "parfaitement équipée pour tout bon travail".

> « Toute Écriture est inspirée de Dieu et profitable à l'enseignement, à la réprimande, à la correction et à l'instruction de la justice, afin que l'homme puisse être complet et bien équipé pour toute bonne œuvre ». (2 Timothée 3 :16-17).

En outre, la Bible déclare que Dieu est notre meilleur guérisseur (Exode 15 : 26). Néanmoins, il convient de noter que ceux qui attribuent des conseils à la Bible seulement n'attribue pas nécessairement à un traitement médical ou à une éducation uniquement biblique. Par conséquent, il vaut la peine de se demander, quelles parties de la vie doivent être menées exclusivement par la Parole de Dieu ? Quels aspects peuvent-ils laisser à un apprentissage séculier ?

Le terme « conseil biblique » est interprété de diverses manières par divers auteurs. Un grand nombre l'utilise pour se référer à la prédication de la parole révélée. Certains préfèrent une approche de conseil selon laquelle la Bible est la seule source d'autorité en matière humaine, de valeurs et de prescriptions pour une vie saine. D'autres utilisent le concept pour se référer à des conseils qu'utilisent les Écritures comme fondement et norme, mais intègrent des notions de psychologie à leurs méthodes.

Les penseurs chrétiens affirment que « les conseillers bibliques cherchent à encourager les gens à adorer et à se dépendre de Dieu en toute circonstance, avec confiance et amour envers le Tout-Puissant. L'orientation initiale de l'intervention interpersonnelle biblique est évidemment la prédication de l'Évangile ».

> "Je vous rappelle, frères, l'Évangile que je vous ai annoncé, que vous avez reçu, dans lequel vous avez persévéré, et par lequel vous êtes sauvés, si vous le retenez tel que je vous l'ai annoncé ; autrement, vous auriez cru en vain. Je vous ai enseigné avant tout, comme je l'avais aussi reçu, que Christ est mort pour

nos péchés, selon les Ecritures ; qu'il a été enseveli, et qu'il est ressuscité le troisième jour, selon les Ecritures". (1 Corinthiens 15 : 1-4).

L'éminent apôtre identifie l'évangile comme «la puissance de Dieu ». (Romains 1 : 16), et il nous a assuré dans Romains 8 : 1-9, que lorsque nous avons été sauvés, la présence intérieure du Saint-Esprit nous a libérés de l'esclavage de notre nature pécheresse. En un mot, ils veulent expliquer la souffrance humaine et la placer dans le contexte du travail de transformation de Dieu.

"Étant donc justifiés par la foi, nous avons la paix avec Dieu par notre Seigneur Jésus-Christ, à qui nous devons d'avoir par la foi accès à cette grâce, dans laquelle nous demeurons fermes, et nous nous glorifions dans l'espérance de la gloire de Dieu. Bien plus, nous nous glorifions même des afflictions, sachant que l'affliction produit la persévérance, la persévérance la victoire dans l'épreuve, et cette victoire l'espérance. Or, l'espérance ne trompe point, parce que l'amour de Dieu est répandu dans nos cœurs par le Saint Esprit qui nous a été donné". (Romains 5 : 1-5).

En tant que chrétiens, nous sommes chargés d'apprendre la parole de Dieu comme chemin vers l'accomplissement personnel et la sainteté. "Depuis l'enfance, vous avez connu les Saintes Écritures qui peuvent vous rendre sages à salut par la foi en Jésus-Christ". (2 Tim. 3 : 15).

Pour Mark R. McMinn, nous serions préoccupés par l'Écriture lors du choix de nos stratégies et nos théories de conseil, même celles qui n'impliquent pas explicitement l'utilisation de la Bible dans les séances de counseling. Le Dr Stanton Jones, président du Département de psychologie du collège de Wheaton, a mis au point un système utile pour examiner comment utiliser l'étude des Écritures dans le cadre de conseils en fonction de quatre types de stratégies de counseling. Il pense que :

1. Certaines stratégies de conseil sont directement dérivées de l'Écriture.

2. Certaines stratégies de counseling ne sont pas évoquées dans la Bible mais ne sont pas pour autant incompatibles avec la Bible.

3. Certaines techniques de conseil sont incompatibles avec l'Écriture.[10]

Au cours de certaines séances, les conseils chrétiens peuvent être presque indiscernables des autres formes de stratégies et de perspectives de conseil avec attention. En plus d'effectuer une évaluation générale du soutien scripturaire aux méthodes de conseil, il est important d'examiner

---

[10] Mark R. McMinn, Psychology, Theology, and Spirituality in Christian Counseling (Wheaton, 1996), 109.

les effets spécifiques de l'application directe de l'Écriture dans les conseils.[11]

Pour de nombreux experts, il y a des conseils bibliques authentiques par opposition à la psychologie. Cependant, il peut y avoir un bon conseil chrétien qui est biblique et qui utilise également des notions psychologiques. Si les conseillers chrétiens bien formés peuvent intégrer leur foi à leur éducation, ils peuvent rester fidèles aux normes bibliques et, simultanément, se servir de la science de la psychologie.

Un bon conseil chrétien doit reconnaître que le conseiller et le client ne sont pas des guérisseurs. La guérison dépend uniquement de Dieu. Le conseil est un outil qui peut aider à comprendre qui nous sommes en Christ et à découvrir la signification de notre existence. Quoi qu'il en soit, il ne s'agit pas d'un jury d'enquête de trouver de la valeur en nous-mêmes ou de nous guérir en dehors de Dieu. Le conseil biblique est précis en exprimant que le plus grand problème est dans l'âme, et seul le Saint-Esprit peut changer cela de manière correcte.

Qu'en est-il du rapport entre la psychologie et le christianisme ?

---

[11] Ibid, 110

Chapitre VIII

La psychologie et le christianisme sont-ils compatibles ?

Beaucoup de gens pensent généralement qu'il y a une guerre entre la psychologie et le christianisme. Ils ont tendance à soutenir que la psychologie et le christianisme sont incompatibles. Il existe de nombreuses occasions où la psychologie laïque n'est pas d'accord avec les enseignements chrétiens traditionnels et les nie de manière très destructrice. Par conséquent, les chrétiens évangéliques doivent exercer un discernement correct dans leur quête d'un conseil ou d'un traitement psychologique. Pour cette raison, la psychologie chrétienne doit être complètement biblique et, en même temps, être scientifiquement rationnelle.

D'une part, certains étudiants et experts en psychologie voient le christianisme comme quelque chose d'obsolète en raison de la compréhension mondiale avancée des neurosciences. D'un autre côté, plusieurs chrétiens considèrent la psychologie comme quelque chose de peu important. Bien que de nombreux croyants examinent les idées de la psychologie comme un associé compétent pour l'église dans l'exercice de sa mission, d'autres réprouvent la psychologie comme une menace implicite pour le christianisme et l'autorité de la Bible.

Finalement, tout le monde ne peut pas être d'accord avec ceux qui veulent confirmer que le christianisme et la psychologie sont totalement incompatibles. Pour beaucoup de psychologues chrétiens, il n'y a pas lieu de controverse ni de scission. Au contraire, beaucoup pensent qu'il existe de nombreuses pièces pour la compatibilité ; Ils privilégient plutôt un véritable dialogue et une concession mutuelle.

Malheureusement, certains ont tendance à ignorer ou à oublier le fait que les psychologues font plus que l'implication dans la psychothérapie, mais ils évaluent également les enfants pour des problèmes d'apprentissage, ils fournissent une intervention pour résoudre des problèmes d'abus de drogue et proposent de conseiller les personnes confrontées à des affrontements familiaux ou à la recherche d'une orientation professionnelle en milieu de vie. Enfin, il faut reconnaître que ce n'est pas la volonté ou la force de l'homme, mais c'est l'œuvre de Dieu qui guérit par la puissance du Saint-Esprit.

L'étude de la psychologie est ancienne, mais la psychologie chrétienne est un sujet nouveau. À la fin du 21ème siècle, plus particulièrement au cours des trois dernières décennies, l'humanité a connu des discussions utiles sur l'intégration de la théologie et de la psychologie chrétienne. Le christianisme, ainsi que la psychologie, affirment la valeur intrinsèque des êtres humains. Les deux disciplines reconnaissent que les gens sont naturellement spirituels, ils ne sont pas une simple collection aléatoire de neurones. La psychologie et la théologie reconnaissent que les gens sont des êtres rationnels et moraux, qui comprennent le bien et le mal. En effet, l'humanité est un ensemble complexe. Dans le mélange global, les hommes sont simultanément des êtres physiques, émotionnels, mentaux, sociaux et spirituels.

Il existe plusieurs courant d'idées concernant la place que la psychologie pourrait tenir dans la vie et l'esprit de nombreux croyants évangéliques. Certains intègrent la psychologie dans une perspective chrétienne. Ils ont une pensée positive.

Certains chrétiens ne manifestent pas une confiance totale dans la psychologie, ils sont circonspects et expriment des critiques. Ces chrétiens sceptiques considèrent la psychologie comme quelque chose qui menace leur foi. Ils pensent que c'est une menace à la pureté de leur doctrine évangélique réelle. Ils le voient comme un décalage qui concourt de manière directe avec l'orthodoxie des enseignements bibliques. Selon Meier, «la discipline de la psychologie implique non seulement une diversité de sujets et d'intérêts, mais fournit également des connaissances pratiques pour la vie quotidienne. Le fait que la psychologie et la Bible fournissent des informations pour la vie quotidienne dans un environnement variable a parfois provoqué des tensions. »[12]

Le désaccord entre le christianisme et de la science a subsisté depuis plusieurs siècles depuis le temps de Copernic et de Galilée. Par conséquent, un nombre important de chrétiens évangéliques sont toujours suspects et même hostiles envers la psychologie et les sciences sociales.

Cependant, d'autres croyants défendent un point de vue essentiel. Ils pensent que la psychologie est une source d'information viable. Cependant, compte tenu de l'influence des perspectives anti-chrétiennes, il faut évaluer avec précaution sous l'examen minutieux de la doctrine biblique. Ils s'efforcent de fusionner la compréhension biblique et psychologique de la nature humaine et de l'expertise.

---

[12] Meier, Minirth, et al. *Introduction to Psychology and Counseling*. (Grands Rapid: Baker Books, 1991), 25.

Il est vrai que beaucoup de gens sont confus et troublés par les contradictions de certains qui prétendent être de bons chrétiens.

> « Comme l'ont confirmé les deux, les Écritures Saintes et la psychologie, nous voyons tous" à travers un verre sombre " (1 Corinthiens 13 :12). Les chrétiens doivent comprendre et affirmer cet objectif, et la vérité absolue existe avec une précision complète par Dieu. Comprenez également que personne, sauf Dieu, ne jouit de ce luxe. Contrairement à sa compréhension, ils nous colorent toujours par des erreurs et des distorsions qui résultent de la faillibilité humaine. Plusieurs facteurs peuvent amener différentes personnes à tirer des conclusions différentes sur la façon dont la psychologie et le christianisme se rapportent. »[13]

Au lieu de guerre entre les deux disciplines, on doit parler d'intégration. Et c'est ce qu'on va voir tout de suite.

---

[13] Harold W Faw, *Psychology in Christian Perspective*. (Grand Rapids, MI: Baker Academic, 1995), 16-17.

Chapitre IX

L'intégration de la psychologie chrétienne et de la psychologie laïque

Beaucoup de religieux et de libres penseurs ne peuvent s'empêcher de se demander si la psychologie laïque est une source légitime d'information pour le christianisme. À plus forte raison, la société occidentale se dirige vers la psychologie pour émettre de nouvelles lumières sur la question de l'existence humaine. Les religieux susmentionnés se demandent pourquoi il faut considérer ou envisager s'il est adapté pour intégrer le christianisme et la psychologie.

Les questions concernant la nature de l'être humain et la santé psychologique et le bonheur sont dirigées de plus en plus vers la communauté psychologique. En fait, dans de nombreux endroits, tout le processus de guérison des âmes malades passe rapidement de l'Eglise aux portes des psychologues et d'autres professionnels de la santé mentale. Les données, les théories et les méthodes de la psychologie entrent aussi directement dans le domaine de la théologie et du christianisme qu'il est impossible pour l'Église de rester neutre face à la popularité croissante de la psychologie.

Aujourd'hui, l'influence de la psychologie et des conseils chrétiens continue de croître de plus en plus dans l'Eglise. Certains soutiennent même que la psychologie exerce parfois un rôle religieux.

Le concept « intégration » peut avoir plusieurs aspects, ce qui peut confondre beaucoup de gens. Que voulons-nous intégrer ? Essayons-nous d'intégrer la psychologie et le christianisme, la psychologie et la théologie, ou la foi et la laïcité ? Est-ce qu'il faut relier un domaine d'étude à un autre, harmoniser deux approches pour comprendre et modifier le comportement, pour atteindre une certaine unification, pour développer une théorie cohérente et compétente du counseling ?

Il y a un nombre croissant de psychologues, de psychiatres et de professionnels de la santé mentale qui participent à l'étude de la personnalité dans un cadre chrétien. L'un des plus grands exemples est le Caps (*The Christian Association for Psychological Studies*). Une telle organisation compte plus d'une centaine de membres engagés dans l'étude interdisciplinaire de la psychologie.

Chapitre X

Interaction entre la psychologie chrétienne et la psychologie laïque

Il existe différentes façons d'interagir entre les deux disciplines.

Narramore et Carter indiquent quatre manières ou positions pratiques concernant la relation entre la psychologie et la théologie.

La première position est « le christianisme contre la psychologie » appelé le « contre » modèle d'interaction de la psychologie et du christianisme. Ils reprennent un tel exemple dans les six points suivants :

Pour ceux qui choisissent le christianisme contre la position de la psychologie laïque, cela ne vaut pas la peine. Par conséquent, ils limitent tous les problèmes à l'arène spirituelle. Ils ont divisé les arguments essentiels de la position du christianisme contre la psychologie en quatre catégories, qui sont :

1. La Sainte Écriture est autonome "Sola Scriptura".

2. La crédibilité croissante qu'il y a deux sources de conseils : Dieu et les démons.

3. L'idée que la psychologie laïque est une mauvaise science.

4. Et enfin, l'intégration est la combinaison de différentes formes de croyance ou de pratique, en d'autres termes, syncrétiste.

La deuxième position est la position de la psychologie contre le christianisme. Dans cette situation, la psychologie laïque est censée avoir des réponses et, pour leur part, considèrent le christianisme comme non pertinent, sans importance ou préjudiciable à une vie saine. C'est le « hors modèle » ou l'interaction de la psychologie et du christianisme. Ils peuvent résumer cette position dans les points suivants :

a) Là, il doit avoir une psychologie de la religion. Le sens réel de la Bible se trouve dans sa psychologie et non dans la théologie.

b) Il faut rejeter l'angle surnaturel de la religion et choisir une compréhension naturaliste de celui-ci. Cette approche vise à minimiser l'utilité de la rédemption et toute mention du péché. Ce modèle affirme que la religion peut encore contenir des idées psychologiques utilisables.

c) Cette position tend à élever la psychologie au-dessus de l'autorité de l'Écriture.

d) Cette position a la tendance de presser les théories de la science sur les Écritures sans trop se défier de leur adéquation ou non.

Ils peuvent décrire la troisième position comme le christianisme et la perspective psychologique, qui prétend que les deux disciplines sont distinctes mais équivalentes pour trouver la vérité. Ils appellent cette vue les « Modèles parallèles ». Certains experts mettent l'accent sur la nature dualiste de cette séparation qui est incompatible avec l'holisme biblique. L'Écriture Sainte n'enseigne pas la segmentation des êtres humains, mais fonctionne plutôt comme un tout. On peut résumer ce modèle de la manière suivante :

a) La psychologie séculière et les conseils chrétiens sont parallèles dans leurs idées, mais il faut essayer un peu d'effort pour dialoguer.

b) Ils considèrent la psychologie et le christianisme comme des disciplines d'études pertinentes, et la région de chacun est respectée. Cette approche maintient que la psychologie et la théologie sont séparées et qu'elles ne se chevauchent pas. Ils affirment les deux disciplines, mais elles sont isolées l'une de l'autre. Ils expriment la même vérité dans les deux domaines, mais de diverses façons.

c) Pour le modèle parallèle, il n'y a pas de désaccord fondamental entre la religion et la psychologie.

Selon Narramore et Carter, ce modèle est juste en ce sens qu'il souligne l'importance de la

Bible et de la psychologie, mais l'interaction entre les deux est considérée comme impossible.

La manière ultime de rapprocher la psychologie laïque et le christianisme est le « modèle d'intégration » qui considère l'humanité comme fondamentalement une unité.

a) Ils nient la dichotomie entre les saints et les profanes.

b) On peut utiliser la vérité de la psychologie s'ils sont d'accord avec le christianisme.

c) Le fonctionnement de la connaissance humaine peut être un avantage de la science et de la Bible tout en utilisant diverses méthodologies.

d) La psychologie séculière peut nous montrer comment notre chute s'exprime dans la pensée, les relations, le comportement, etc.

Ils incarnent l'hypothèse principale du modèle d'intégration dans la déclaration qui suit : "Toute vérité est la vérité de Dieu", et c'est une justification commune pour l'intégration qu'ils donnent dans la littérature.

Nous devons dire qu'aucun des quatre modèles avancés par Carter et Narramore n'est parfait. Cependant, chacun a son importance ou sa valeur. Le « contre modèle » met l'accent sur la suffisance de la parole de Dieu. Le deuxième exemple souligne l'importance de s'accorder avec l'investigation psychologique pour éviter de « rationaliser moins que les comportements chrétiens ».

Le modèle parallèle a également sa valeur. Ici, l'intégrité des deux disciplines est maintenue. En fin de compte, le modèle intégré démontre une approche globale ou intégrée. Un être humain est une unité, et non une dichotomie.

Chapitre XI

La psychologie chrétienne et les questions morales ou sociales qui envahissent la société et la communauté chrétienne

Aujourd'hui, nous vivons dans un temps changeant où les nouvelles habitudes évoluent énormément. Notre civilisation ou notre société occidentale réelle accepte et tolère un comportement que nous n'aimerions jamais imaginer il y a cinquante ans. Au nom des soi-disant « principes démocratiques » et des droits de l'homme, tout semble être accepté. Il n'y a pas de respect pour le « sacré » ou le saint. Les gens agissent et parlent comme ils le souhaitent. Il ne semble pas y avoir de limite à l'absurdité. En effet, nous vivons dans un monde où la situation de la plupart des gens est déficiente. La pauvreté affecte une grande partie de la population mondiale dans l'indifférence totale des plus riches. Le mensonge devient une vertu, l'immoralité, l'indécence et l'absurdité deviennent les règles de vie d'aujourd'hui.

L'Eglise devrait être le dernier pilier de la vérité, le dernier bastion de la morale. Tout silence complaisant et même complice de la communauté ecclésiale porte plus d'uns à se demander, perplexe : où allons-nous ? Qu'en est-il du christianisme aujourd'hui ? La corruption est en plein essor dans notre société postmoderne. L'apostasie est un phénomène commun. L'occultisme et l'idolâtrie dans le contexte du mouvement du Nouvel Âge semblent prendre le dessus.

A) Mouvement du Nouvel Age

Qu'est-ce que le Mouvement du Nouvel Age ? Quelles sont ses doctrines centrales ?

C'est la manifestation d'une nouvelle étape dans l'évolution humaine. Ce mouvement est-il le précurseur de l'antichrist ? Est-ce un complot fantasmé décrié par certains fondamentalistes paranoïaques ? On le définit comme un méta-réseau d'individus et d'organisations reliés par des valeurs universelles basées sur le mysticisme et le monisme qui considèrent que tout est un dans l'univers. Cela a une vision partagée, l'arrivée d'une nouvelle ère de paix et d'illumination universelle ou l'ère du Verseau.

L'auteur Elliot Miller pense que les adhérents au Mouvement du Nouvel Age peuvent avoir des opinions divergentes sur un certain nombre de questions :

« Quand le Nouvel Age commencera-t-il ?   Sera-t-il ou non précédé d'un cataclysme mondial ? Quelle sera sa structure politique ? Est-ce qu'il aura un ' Christ' à sa tête ? Qui sont les véritables avatars (hommes-dieux) ou messagers (s'il y en a) du monde spirituel. Cependant, ils s'accordent tous, en travaillant à influencer l'évolution des vies politique, économique, sociale et spirituelle de notre société. »[14]

Les fidèles du mouvement de Nouvel Age croient que la spiritualité est plus une question d'expérience qu'une question de foi. Ils se hâtent d'accepter n'importe quel enseignement ou technique qui leur permettent des expériences, qui n'ont rien à voir avec la fidélité à un système de doctrine rigide et structurée.

« Tous les adeptes du mouvement du Nouvel Age croient que « tout est un » -- tout ce qui existe forme une seule essence ou réalité. Un deuxième postulat est que cette Réalité Universelle n'est ni de la matière morte ni de l'Energie inconsciente. C'est l'Etre, la Conscience et la Fidélité (il s'agit là, bien sûr, de la conception hindouiste de Dieu comme une conscience et une force infinie et impersonnelle. »[15]

---

[14] Elliot Miller. *Le mouvement du Nouvel Age*. (Lennox Ville, QC, Bethel, 1990), 17.
[15] Ibid., 19.

Le mouvement du Nouvel Age s'inscrit dans la ligne droite de la doctrine panthéiste. Comme tous panthéistes convaincus, les adeptes du mouvement de Nouvel Age enseignent que l'homme a la fausse conscience d'être séparé de Dieu.

> « L'homme est victime dans sa conscience d'une illusion de séparation, qui l'aveugle a son unité d'essence avec Dieu et qui est la source de tous ses problèmes. Comment, alors, l'homme peut-il être sauvé ? C'est une question de *technologie spirituelle.* »[16]

Les adeptes du mouvement du Nouvel Age enseignent que la méditation transcendantale, les incantations, la danse extatique, l'isolement sensoriel ont la puissance de transformer la conscience et amener à ressentir mystiquement la soi-disant unité avec Dieu. Pour eux, le salut est une question de gnose ou connaissance empirique. Il s'agit ici de l'actualisation du soi et le Soi véritable est Dieu.

L'adhérent du Mouvement du Nouvel Age croit qu'ils hâtent l'arrivée d'un nouvel Ordre qu'ils attendent tous en travaillant fort pour influencer l'évolution de la vie politique, économique, sociale et spirituelle de notre société.

---

[16] Idem, 19.

Le mouvement pour la médecine holistique et celui pour l'auto-actualisation, ainsi que de nombreux disciples gurus de l'Est et maîtres occidentaux des sciences métaphysiques et occultes ont apporté une contribution significative au mouvement du Nouvel Age. Parmi les doctrines fondamentales du Nouvel Age, nous pouvons mentionner celle de l'évolution spiritualisée, la certitude que la transformation individuelle va conduire à la transformation à l'échelle de la planète, et du concept même du Nouvel Age qui est défini selon l'astrologie.

Parmi les croyances du mouvement Nouvel Age, les plus communes sont :

• Le panthéisme

Selon le dictionnaire Webster : « Une doctrine ou une philosophie qui assimile Dieu aux forces et aux lois de l'univers. C'est le culte de tous les dieux de différentes croyances, cultes ou peuples indifféremment ». C'est la croyance que Dieu est le monde et le monde est Dieu. Certains l'appellent le déisme-fini à cause de son opposition au théisme traditionnel, croyant que Dieu n'est pas infini en nature et en puissance mais qu'il est fini et limite. D'autres l'étiquètent de théisme dipolaire ou bipolaire à cause du contraste avec le traditionnel théisme monopolaire. Ils soutiennent qu'il y a deux pôles en Dieu, nommément, un pôle temporel actuel et un pôle éternel potentiel. Le pôle temporel ou actuel est le monde physique et le pôle potentiel est le monde spirituel ou le monde de l'au-delà. Dieu est éternel, et infini en potentialité mais il est relatif, temporel, et fini dans le monde physique.[17]

• **La réincarnation** qui est l'idée ou la conviction que les gens sont nés à nouveau avec un corps différent après la mort.

• **Karma**, qui est la force créée par les actions d'une personne qui sont cruciales dans les pratiques orientales pour voir ce que ressemblera la prochaine vie de cette personne.

• **Les États modifiés**, une philosophie du Nouvel âge qui implique la conviction que l'humanité doit comprendre qu'elle fait partie du « Tout universel » ou de la « Conscience universelle », qui comprend la modification de leur conscience.

• **Le moi supérieur** (higher-self) est, l'aspect supérieur de l'être. C'est la section qui connaît, voit et comprend au plus haut niveau possible, tandis que la partie physique de vous continue à se déplacer dans la troisième dimension.

• **Et créez votre réalité** dans le sens où vous décidez de votre expérience, de votre passé, de votre présent et de votre avenir. Vous recevez les

---

[17] Norman L. Geisler. *Christian Apologetics*. (Grand Rapids, Baker Book House,1976), 193.

dons de dieux. Vos croyances deviennent votre réalité.

Parmi les nombreuses pratiques du mouvement Nouvel Age, il y a :

B) Le Channeling

Le channeling n'est rien d'autre que 'le spiritisme à la mode du Nouvel Age.' Le spiritisme, « c'est la pratique d'essayer de communiquer avec des personnes décédées ou des entités extra-humaines ou invisibles par le truchement d'un medium humain, dans l'intention d'en recevoir des renseignements paranormaux ou de faire l'expérience directe des réalités métaphysiques. »[18]

> « L'obsession du mouvement du Nouvel est en liaison très rapprochée avec les OVNIs et la vie extra-terrestre. Les adeptes du Nouvel Age ont emprunté le terme canalisation ou channeling du mouvement de la soucoupe volante au début des années 1950 quand un nombre de gens commençaient à entrer en transe et à laisser les soi-disant frères de l'espace parler à travers eux. »[19]

Ceux qui font le channeling reçoivent des informations ou des commandes d'une source divine ou inconnue. Ils disent qu'ils sont comme

---

[18] Ibid. 165.
[19] Walter Martin, The Kingdom of the Cults (Bethany House Publishers, Minneapolis, 1997), 346.

une radio recevant un signal d'un émetteur. La channeling est très fréquente dans nombre d'églises chrétiennes aujourd'hui. Le channeler, qui est un médium, accueillent un ou plusieurs esprits dans son cerveau, et il n'est rien d'autre que le « porte-parole ». En utilisant les moyens d'un voyant, l'esprit offre des informations, des conseils ou des prédictions sur tous les types de sujets imaginables, à partir de l'état actuel d'une personne qui éprouve des moments difficiles comme un être cher défunt, un avocat médical, des conseils financiers. Ils effectuent de nombreux types de miracles au moyen de l'eau et de l'huile appelée "l'huile sainte".

Ceux qui ne professent pas le vrai Christianisme veulent faire croire aux gens que le channeling est fondamentalement la même chose que la vérité biblique. Les adeptes du channeling dans le milieu ecclésiastique ne voient rien de non chrétien dans cette pratique. En effet, le channeling n'est pas un phénomène nouveau dans le milieu religieux.

> « Laura Cameron Fraser, la première femme prêtre épiscopale du Pacific Northwest, a préféré démissionner de son poste de recteur de la paroisse Saint-Michel-et- Tous-les-Anges, d'Issaquash, dans l'Etat de Washington, plutôt que d'abandonner sa croyance en une entité nommée « Jonas » avec qui elle communiquait. »[20]

Madame a même déclaré ce qui suit, « Mes premiers contacts avec le channeling me sont venus de la Bible même »[21]

Les Saintes Ecritures décrivent l'utilisation du spiritisme comme l'antithèse de la prophétie et de la parole inspirées :

> « Quand tu seras entre dans le pays que l'Eternel, ton Dieu te donne, tu n'entreprendras point à imiter les abominations de ces nations-là. Qu'on ne trouve chez toi personne qui fasse passer son fils ou sa fille par le feu, personne ne qui exerce le métier de devin, d'astrologue, d'augure, de magicien, d'enchanteur, personne ne qui consulte ceux qui invoquent les esprits ou qui disent la bonne aventure, personne ne qui interroge les morts. Car quiconque fait ces choses est en abomination à l'Eternel, et c'est à cause de ces abominations que l'Eternel, ton Dieu, va chasser ces nations devant toi. Tu seras entièrement a l'Eternel, ton Dieu. Car ces nations que tu chasseras écoutent les astrologues et les devins ; mais à toi, l'Eternel ton Dieu, ne le permet pas. L'Eternel, ton Dieu, te suscitera du milieu de toi, d'entre tes frères, un prophète comme moi : vous l'écouterez. » (Deutéronome 18 : 9-16)

---

[20] Ibid, 167.

[21] Idem.

De son côté, le prophète Esaïe a donné l'avertissement qui suit :

> « Si l'on vous dit : Consultez ceux qui évoquent les morts et ceux qui prédisent l'avenir, qui poussent des sifflements et des soupirs, répondez : un peuple ne consultera-t-il pas son Dieu ? S'adressera-t-il aux morts en faveur des vivants ? A la loi et au témoignage ! Si l'on ne parle pas ainsi, il n'y aura point d'aurore pour le peuple. » (Esaïe 8 : 19-20).

Point n'est besoin d'être grand théologien pour comprendre que Dieu a toujours condamné le spiritisme sous toutes ses formes. Le channeling n'est pas établi par Dieu pour le contact entre le royaume de des cieux et la terre. Il est certain que la Bible affirme sans ambages qu'il y a de bons esprits ou de bons anges qui n'ont pas déshonoré leur nature et qui reste au service de Dieu. Il y a les anges élus et les esprits des justes rendus à la perfection, mais le créateur interdit tout effort pour entrer en communication avec eux. On en a pour preuve l'exemple de Saul qui, après avoir perdu son royaume, est plongé dans le désespoir, il alla consulter un medium afin d'évoquer le prophète Samuel, décédé depuis. Ce péché commis par Saül a déclenché la colère de Dieu.

> « Saül mourut, parce qu'il se rendit coupable d'infidélité envers l'Eternel, dont il n'observa point la parole, et parce

qu'il interrogea et consulta ceux qui évoquent les morts. Il ne consulta point l'Eternel ; alors l'Eternel le fit mourir, et transféra la royauté à David, fils d'Israël. » (1 Chroniques 10 : 13-14).

Evidemment, certains esprits peuvent donner des renseignements extraordinaires par le biais du spiritisme, mais la Bible les identifie comme étant esprit de python.

« Comme nous allions au lieu de prière, une servante qui avait un esprit de python, et qui, en devinant, procurait un grand profit a ses maitres, vint au-devant de nous, et se mit à nous suivre, Paul et nous. Elle criait : Ces hommes sont les serviteurs du Dieu Très Haut, et ils vous annoncent la voie du salut. Elle fit pendant plusieurs jours. Paul fatigue se retourna, et dit à l'esprit : Je t'ordonne, au nom de Jésus-Christ, de sortir d'elle. Et il sortit à l'"heure même. » (Actes des apôtres 19 : 16-18)

Il faut être vigilant pour ne pas confondre la prophétie, l'inspiration biblique et le channeling. Nulle part dans la Bible il n'est montré que les prophètes de Dieu et les écrivains bibliques devaient se mettre en transe pour transmettre la Parole de Dieu. En revanche, la plupart de ceux qui font le channeling se mettent en transe généralement. Le channeling est un signe des temps.

La Bible dit :

> "Mais l'Esprit dit expressément que, dans les derniers temps, quelques-uns abandonneront la foi, pour s'attacher à des esprits séducteurs et à des doctrines des démons, par l'hypocrisie des faux docteurs portant la marque de la flétrissure dans leur propre conscience. "
> (I Timothée 4 : 1-2).

C) La méditation

C'est une pratique où l'humain s'entraine ou induit un mode de conscience. Il existe des expériences paranormales, de la médecine holistique et de la projection astrale. La projection astrale est la croyance la plus largement répandue et utilisée par les adeptes du Nouvel Age. Certains experts pensent que ce sont les pratiques méditatives les plus simples et les plus développés qui contrôlent les altérations spirituelles et physiques du mouvement Nouvel Age.

Selon le mouvement Nouvel Age, nous entrons dans l'"Age du Verseau". Certaines énergies puissantes rayonnent sur notre planète - l 'énergie cosmique de l'espace extra-atmosphérique, originaires de plusieurs groupes d'étoiles. On enseigne que chaque âge apporte de nouvelles puissances cosmiques qui produisent un changement de conscience sur la planète. Les New

Agers ou les adeptes du mouvement du Nouvel Age pensent que le monde évolue avec une complexité croissante et une telle évolution est « une ascension vers la conscience ».

On veut que les gens sachent que le monde lui-même développera une connaissance qu'ils appellent « Gaia », sorte de déesse terrestre de la mythologie grecque et romaine. On poursuit un mouvement mondial progressif pour sauver la planète.

« Gaia » ou le monde en devenir

« Gaia », c'est le monde en « devenir. ». Selon Donald Keys, « L'humanité est au bord de quelque chose d'entièrement nouveau, une nouvelle étape de l'évolution sans précèdent : l'émergence de la première civilisation mondiale. »[22]

> « Cette notion de l'humanité, qui évolue jusqu'à ne former qu'une seule conscience, attire les adeptes du mouvement du Nouvel Age, qui rêvent constamment d'atteindre des plus hauts niveaux de conscience et des plus profonds états d'unité avec toute la vie. »[23]

---

[22] Donald Keys. Earth at Omega. *Passage to planetization.* (The Branden Press, Boston, 1982), p iii.
[23] Elliot Miller, p 82.

Cependant, l'Écriture interdit toutes les formes ou pratiques du surnaturel et de l'occultisme.

> « Les choses cachées sont à l'Eternel, notre Dieu ; les choses révélées sont à nous et à nos enfants, à perpétuité, afin que nous mettions en pratique toutes les paroles de cette loi. » (Deutéronome 29 :29).

Le Nouvel Age promet une illumination parfaite et un potentiel humain - une évolution de l'âme à un niveau de conscience très élevé.

D) L'occultisme et l'idolâtrie dans l'église d'aujourd'hui

Plus que jamais, les gens d'église, même certains pasteurs, des diacres, des membres du comité sont inféodés à des sociétés secrètes qui sont à la recherche de relations d'affaires, d'accointances politiques, de richesses, de célébrité, etc. On entend par occulte, ce qui est secret, caché, ce qui ne peut pas être compris ou saisi rapidement. Ce sont des questions qui impliquent l'action ou l'influence d'agents surnaturels ou de connaissances secrètes.

Les pratiques de l'occultisme du Nouvel Age sont infusées avec le pouvoir satanique et sont désignées à réunir les vérités cachées, secrètes ou mystérieuses. Le monde occulte du mouvement du

Nouvel Age couvre toute une gamme de choses, telle : des séances d'astrologie, de la sorcellerie, du satanisme tout bonnement. Pour les adeptes du Nouvel Age, les techniques ou les outils occultes comme les tableaux spirituels, les boules de Crystal, les cartes de tarot sont utilisées afin de pénétrer dans une dimension de réalité spirituelle où ils espèrent obtenir une connaissance qui les aidera à se trouver l'être suprême.[24] Parce qu'il y a un grand pouvoir dans l'occultisme, les Chrétiens doivent être prudents et se consacrer à la prière quand ils confrontent ceux qui s'y sont agrippés. Néanmoins, les croyants en Jésus Christ ne doivent jamais oublier qu'ils n'ont rien à craindre, car, Celui qui est avec nous est plus grand que celui qui est dans le monde.

> « Vous, petits-enfants, vous êtes de Dieu, et vous les avez vaincus, parce que celui qui en vous est plus grand que celui qui est dans le monde. » (1Jean 4 : 4).

Le mouvement du Nouvel Age se base sur la croyance que toutes les religions sont parfaitement acceptables, parce que chacune d'entre elles enseigne essentiellement la même chose. Il enseigne que tout est un et un est tout, qu'on peut arriver à « Dieu » par plusieurs moyens. Selon ce mouvement, il n'y a pas de de sauveur personnel, pas de Rédempteur incarné, ou d'expiation pour

---

[24] Walter Martin. *The kingdom of the Cults*. (Bethany House Publishers: Minneapolis, 1997), 345.

les péchés. Il professe que tous les leaders religieux sont égaux, qu'il soit Bouda, Mahomet, Zoroastre, Confucius, Krisna, ou Jésus.

Jésus dit « Je suis le chemin, la vérité et la vie, nul ne vient au père que par moi. (Jean 14 : 6) et « Il n'y a de salut en aucun autre : car il n'y a sous le ciel aucun nom qui ait été donné parmi les hommes par lequel nous devons être sauvés. (Actes 4 : 12).

Le mouvement du Nouvel Age est attractif et très subtile. Il propose un monde nouveau, il met l'emphase sur une nouvelle religion. Il promet la paix, le désarmement, l'abolition des armes nucléaires, la prospérité, et la préservation de la terre. Serait-ce là, la raison d'être de la nouvelle théologie de la prospérité en vigueur aujourd'hui, et qui attire des foules innombrables. Jésus dit que la route qui mène à la vie éternelle est étroite, la route spacieuse et large mène à la destruction et plusieurs empruntent ce chemin.

« Entrez par la porte étroite. Car large est la porte, spacieux est le chemin qui mène à la perdition, et il y en a beaucoup qui entrent par là. Mais étroite et resserré le chemin qui mène à la vie, et il y en a peu qui la trouvent. » (Matthieu 7 : 13-14).

On croyait qu'à temps, le sujet était inconnu ou interdit aux personnes qui servent Dieu en pratiquant ou en vivant sa parole. Cependant, aujourd'hui, paradoxalement, il est pratiqué dans de nombreux milieux du christianisme moderne. Il y a le mouvement charismatique dans certaines communautés dites chrétiennes. Une telle action est très contestée en raison de ses pratiques doctrinales de visualisation, de guérison interne, de confession positive.

La sorcellerie semble s'installer dans l'église. Certains utilisent des formules secrètes établies. Fort de la connaissance de ces lois spirituelles, le soi-disant pasteur ou prêtre qui est un sorcier, un enchanteur, un guérisseur se présente comme le premier médiateur entre les gens et les dieux. C'est la pratique de la magie cérémonielle, qui est l'art ancien d'évoquer les esprits.

Certains croient que la pratique de la magie, de la sorcellerie et de l'enchantement n'est plus une réalité occultée, car il y a des églises, des pasteurs et des enseignants qui les pratiquent et les encouragent. Ils ont honteusement et scandaleusement introduit la sorcellerie de Harry Potter dans l'église. L'église anglicane à Surrey (Angleterre) a donné un service le 2 décembre 2000. Cette église prétexte que si les jeunes s'intéressent vraiment à Harry Potter, elle pourrait les amener à Christ par la sorcellerie. Quelle aberration ! Quelle profanation ! Quelle apostasie qui enveloppe l'église d'aujourd'hui.

La Bible interdit au peuple de Dieu de pratiquer toute forme de divination. L'église doit savoir que la Bible interdit tout contact avec le monde spirituel dans toutes ses manifestations.

> "Qu'on ne trouve chez toi personne qui fasse passer son fils ou sa fille par le feu, personne ne qui exerce le métier de devin, d'astrologue, d'augure, de magicien, d'enchanteur, personne ne qui consulte ceux qui évoquent les esprits ou disent la bonne aventure, personne ne qui interroge les morts. Car quiconque fait ces choses est en abomination a l'Eternel ; c'est à cause de ces abominations que l'Eternel, ton Dieu, va chasser ces nations devant toi. Tu seras entièrement à l'Eternel, ton Dieu". (Deutéronome 18 : 10-13).

Le Seigneur rejette catégoriquement toutes les formes d'occultisme et de surnaturalisme :

> « Les choses cachées sont à l'Eternel, notre Dieu ; mais les choses révélées sont à nous et à nos enfants à perpétuité, afin que nous mettions en pratique toutes les paroles de cette loi » (Deutéronome 29 : 29).

E) Apostasie

De nos jours, le culte dans l'église est devenu un autre fléau qui porte atteinte à l'institution. Satan a toujours essayé de convaincre l'humain qu'il peut devenir Dieu. Donc, aujourd'hui, nous voyons une résurgence du culte de l'homme. De nombreux leaders se voient comme des prophètes.

Beaucoup de gens cherchent à adorer des mercenaires qui s'infiltrent dans l'église dans l'habit de pasteurs ou d'hommes de Dieu. Ils font des miracles, et ils établissent un véritable commerce au sein de l'église du coin en vendant de l'huile, de l'eau et des morceaux de tissus. Malheureusement, les gens sont bons enfants ; Ils sont privés de la bonne connaissance de la parole de Dieu. C'est pourquoi, ils considèrent ces nombreux faux prophètes comme des Messies vivants qui marchent sur la terre.

La Bible dit :

> « Car il viendra un temps où les hommes ne supporteront pas la saine doctrine ; mais ayant des démangeaisons d'entendre des choses agréables, ils se donneront une foule de faux docteurs selon leurs propres désires, détourneront l'oreille de la vérité, et se tourneront vers les fables. » (2 Timothée 4 : 3-4).

Malgré leur mauvaise doctrine, ces hommes sont très appréciés dans le monde de la télévision chrétienne. Eh bien, cela explique l'origine de l'idolâtrie dans l'église de l'ère moderne et postmoderne. En effet, l'apostasie a atteint des dimensions très élevées que plus d'uns considèrent comme un véritable fléau. L'église est submergée corps et âme dans les bras de Morphée. Certains dirigeants se vantent de conquérir le monde pour Christ par le brouhaha ou les faux-réveils. Cette situation s'aggravera comme un signe avant-coureur de l'enlèvement de la vraie et fidèle Eglise de Jésus-Christ.

Face à cette ascension effrénée de l'apostasie, la vraie Eglise doit maintenir son assise régulière sur la parole de Dieu. Elle devrait combattre pour la foi qui a été transmise aux Saints une fois pour toutes. (Jude 3). Les serviteurs de Dieu ne devraient jamais se prévaloir des formules faciles et bon marché.

À ceux qui expérimentent les pratiques et les philosophies du Nouvel Âge dans le monde chrétien, la Bible dit : « Que personne ne vous séduise par de vains discours ; car c'est à cause de ces choses que la colère de Dieu vient sur les fils de la rébellion. N'ayez donc aucune part avec eux. Autrefois vous étiez ténèbres, et maintenant vous êtes lumières ! " (Ephésiens 5 : 6-8).

À ceux qui cherchent à trouver des réponses dans la boule de Crystal, les guides spirituels, la canalisation et l'occultisme, les Écritures disent :

« Confie-toi en l'Eternel de tout ton cœur, Et ne t'appuie pas sur ta sagesse ; Reconnais-le dans toutes tes voies, Et il aplanira tes sentiers. Ne sois point sage à tes propres yeux, Crains l'Eternel, et détourne-toi du mal : ce sera la santé pour tes muscles, Et un rafraichissement pour tes os. (Proverbes 3 : 5-8).

Pour ceux qui pensent qu'ils peuvent trouver le sens et l'accomplissement dans un « Nouvel Age », la Bible conseille ce qui suit :

« Mais maintenant, renoncez à toutes ces choses, à la colère, à l'animosité, à la méchanceté, à la calomnie, aux paroles déshonnêtes qui pourraient sortir de votre bouche. Ne mentez pas les uns les autres, vous étant dépouillés du vieil homme et de ses œuvres, et ayant revêtu l'homme nouveau, qui se renouvelle, dans la connaissance, selon l'image de celui qui l'a créé. » (Colossiens 2 : 8-10).

F) L'homosexualité, un problème moral dans l'église

L'homosexualité est un problème croissant qui assaille l'église chrétienne actuelle. Certaines personnes croient que l'homosexualité est une simple préférence sexuelle, une option, quelque chose d'héréditaire. C'est une offense à l'encontre de l'ordre impératif du Dieu tout-puissant. L'église a la responsabilité solennelle de réfuter l'homosexualité en tant que transgression de la parole Dieu. La parole de Dieu parle avec éloquence au sujet de la sexualité de l'homme ainsi que sa raison d'être et son essence.

> " Dieu créa l'homme à son image, il le créa à l'image de Dieu, il créa, l'homme et la femme. Dieu les bénit, et leur dit : Soyez fructueux, et multipliez, et remplissez la terre, et l'assujettissez ; et dominez sur les poissons de la mer, et sur les oiseaux de l'air, et sur tout animal qui se meut sur la terre. Et Dieu dit : Voici, je vous donne toute herbe portant de la semence et qui est à la surface de toute la terre, ayant en soi un souffle de vie, je donne toute herbe verte pour nourriture. Et cela fut ainsi. (Genèse 1 : 27-29).

> « Il répondit : N'avez-vous pas lu, que le créateur au commencement, fit homme et femme. Et qu'il dit, c'est pourquoi, l'homme quittera son père et sa mère, et s'attachera à sa femme ; et les deux deviendront une seule chair ? Ainsi ils ne sont plus deux, mais ils sont une seule chair. Que l'homme ne sépare pas ce que Dieu a joint. » (Matthieu 19 : 4-6).

Malheureusement, au lieu d'appeler l'activité homosexuelle un péché comme le dit le Seigneur, certains chercheurs parlent «de personnes ayant des besoins homosexuels ». L'homosexualité n'est pas seulement contre Dieu, mais elle est aussi contraire à la loi de

Dieu. L'éminent apôtre Paul l'exprime haut et fort dans les mots suivants :

"Sachant bien que la loi n'est pas faite pour le juste, mais pour les méchants et les rebelles, les impies et les pécheurs, les irréligieux et les profanes, les parricides, les meurtriers, les impudiques, les infames, les voleurs d'hommes, les menteurs, les parjures, et tout ce qui est contraire à la saine doctrine, conformément à l'évangile de la gloire du Dieu bienheureux, évangile qui m'a été confié. " (I Timothy 1 : 9-11).

G) Comment aider ceux qui s'engagent dans l'homosexualité ?

Il faut comprendre que l'homosexualité est l'une des nombreuses transgressions contre Dieu. L'Eglise doit s'en souvenir. Il y a de l'espoir pour le délinquant homosexuel, car Christ est mort pour nos péchés. Le Seigneur appelle l'Eglise à étendre la miséricorde de Dieu même à ceux qui sont impliqués dans l'homosexualité et le lesbianisme, pour les convaincre que la grâce de Dieu, son pardon, sa paix ainsi que son espérance de vie éternelle leur sont également accessibles. Par conséquent, comment un conseiller chrétien peut-il aider les gens qui pratiquent l'homosexualité ?

"Le conseiller chrétien peut donner l'espoir à ceux qui pratiquent ce vice en reconnaissant que l'homosexualité pour ce qu'il est - un mode de vie pécheur - plutôt qu'une question déterminée par un facteur génétique et social".

Dans Romains 1 : 26-28, 32, Paul considère l'homosexualité comme une « passion dégradante », comme un « acte indécent » et une « erreur ». C'est l'activité indécente d'un « esprit dépravé ». L'apôtre déclare que c'est quelque chose qui est digne de mort. L'Écriture est très drastique à propos de l'homosexualité. Dieu l'appelle une abomination (Lévitique 18 :22). Si deux Israélites sont pris en flagrant délit de commettre un tel acte, ils devaient être mis à mort. (Lévitique 20 :13).

"La bible est très claire : l'homosexualité est un péché, ce n'est pas une maladie. Et c'est pourquoi il y a de l'espoir. Les conseillers doivent montrer à l'homme homosexuel que Christ détient la réponse au péché. C'est lui qui" lave "et" Sanctifie " par son pouvoir (I Corinthiens 6 :11).

Le conseiller chrétien doit montrer de la compassion à la personne qui pratique l'homosexualité. Après avoir condamné la pratique de l'homosexualité, Paul affirme ce qui suit :

"Et c'est là ce que vous étiez, quelques-uns de vous. Mais vous avez été lavés, mais vous avez été sanctifiés, vous avez été justifiés au nom du Seigneur Jésus et par l'Esprit de notre Dieu" (1 Corinthiens 6 :11).

Il y a certes de l'espoir pour les homosexuels. S'ils choisissent de se repentir, ils peuvent faire l'expérience de la régénération par le pouvoir de l'Esprit Saint.

La Bible dit :

« Par conséquent, si quelqu'un est en Christ, il est une nouvelle créature : les choses anciennes sont passées, voici toutes choses devenues nouvelles ». (I Corinthiens 5 :17).

Les homophobes sont ceux qui s'opposent à l'homosexualité. Mais selon la Bible, nous devrions prendre soin des chrétiens concernés qui veulent aider quelqu'un à surmonter sa lutte contre l'homosexualité. L'homosexualité n'est pas le pire des péchés. La Bible dit que tous ont péché et sont privés de la gloire de Dieu. (Romains 3 : 23). Nous devons exercer la charité.

> « La charité est patiente, elle est pleine de bonté ; la charité n'est point envieuse ; La charité ne se vante point, elle ne s'enfle point d'orgueil, elle ne fait rien de malhonnête, elle ne cherche point son intérêt, elle ne s'irrite point, elle ne soupçonne point le mal, elle ne se réjouit pas de l'injustice, mais elle se réjouit de la vérité ; elle excuse tout, elle croit tout, elle espère tout, elle supporte tout. " (I Corinthiens 13 : 4-7).

Les personnes qui exercent une activité homosexuelle ne peuvent pas et ne doivent pas rester dans cette condition. Après leur conversion, elles doivent marcher comme les enfants chers de Dieu. Dieu fournit au croyant un moyen pratique de surmonter cette tentation.

> "Aucune tentation ne vous est survenue qui n'est été humaine, et Dieu qui est fidèle, ne permettra pas que vous soyez tentés au-delà de vos forces ; mais avec la tentation il préparera aussi le moyen d'en sortir, afin que vous puissiez la supporter." (I Corinthiens 10 : 13).

H) La mondanité : un problème moral dans l'église

Depuis toujours, il y a eu de la part des chrétiens le désir d'être comme le monde, cela s'est avéré fatal pour les hommes. Aujourd'hui, plus que jamais, la mondanité est l'une des plus grandes menaces pour le bien-être spirituel chrétien.

L'Écriture dit catégoriquement que l'amour du monde est une inimitié contre Dieu.

> "Adultères que vous êtes ! ne savez-vous pas que l'amour du monde est inimitié contre Dieu ? Celui donc qui veut être ami du monde se rend ennemi de Dieu".
> (Jacques 4 : 4).

Selon la Bible, il y a deux types de mondanité :

1) Les choses qui ne sont pas fausses en elles-mêmes, mais qui deviennent mauvaises chaque fois que nous leur permettons de contrôler nos vies comme la mauvaise herbe dans un endroit riche et bien cultivé.

> "Celui qui a reçu la semence parmi les épines, c'est celui qui entend la parole, mais en qui les soucis du siècle et la séduction des richesses étouffent cette parole, et la rendant infructueuse."
> (Matthieu 13 :22).

2) Les choses qui sont fausses en elles-mêmes.

> "N'aimez pas le monde, ni les choses qui sont dans le monde. Si quelqu'un aime le monde, l'amour du Père n'est pas en lui. Car tout ce qui est le monde, la convoitise de la chair, la convoitise des yeux et l'orgueil de la vie, n'est pas du Père mais du monde. Et le monde passe, et sa convoitise aussi ; mais celui qui fait la volonté de Dieu demeure éternellement. » (I Jean 2 : 15-17).

I) Qu'est-ce que le monde ?

La Bible utilise ce concept dans trois contextes différents. Dans le cadre des Écritures, le monde est : a) l'ordre ; b) la terre ; c) l'humanité : 1. L'ordre est le système ou l'arrangement des affaires humaines. C'est ce que l'apôtre Paul appelle « ce monde ». "Ne vous conformez pas au siècle présent". (Romains 12 : 2). 2. La planète terrestre et l'univers sont aussi appelés le monde. La terre est la scène sur laquelle se développe ou se déploie ce système. La parole de Dieu dit : « Au commencement, Dieu créa le ciel et la terre. » (Genèse 1 : 1). 3. Tous les individus, qui vivent selon le même système, sont également appelés « monde ».- Car Dieu a tellement aimé le monde qu'il a donné son Fils unique, afin que quiconque croit en lui ne périsse pas, mais ait toujours été la vie." (Jean 1 :16).

J) Quel est ce monde actuel ?

C'est un style de vie où l'immoralité semble l'emporter sur la morale. De nos jours, même dans l'église chrétienne, les gens marchent presque entièrement dénudés, avec des tatouages sur tout leur corps. Ils ont oublié les enseignements de Dieu quand Il a dit :

> "Vous ne ferez point d'incisions dans votre chair pour un mort, et Vous n'imprimerez point de figures sur vous. Je suis l'Eternel." (Lévitique 19 :28).

C'est un système où l'injustice prévaut sur la justice, le mensonge l'emporte sur la vérité, l'indécence, et l'absurdité prévalent sur le bon sens et l'éthique. Ce monde est celui de la barbarie atomique ou nucléaire, un monde de militarisation sophistiquée ; un monde capitaliste extrêmement effréné. L'église moderne devient une institution dans laquelle l'homme devient de plus en plus rebelle, sans respect pour les pionniers qui se sont sacrifiés. De tous les temps, l'homme a toujours été cruel, orgueilleux, pervers, maléfique, arrogant, avare, aimant les plaisirs plus que Dieu. La gangrène est si grave qu'elle pénètre même l'église chrétienne.

Il est impossible de plaire à Dieu et au diable en même temps. On ne peut pas être dans le Christ et dans le monde simultanément. Plusieurs cherchent à garder cette double position aujourd'hui, mais cela les conduira à la même finalité. Le Chrétien se doit de savoir que le monde est cet état d'esprit qu'il exprime dans diverses activités de la vie. Certaines personnes ne comprennent pas ce qu'est la mondanité. La plupart des gens d'église sont incapables de comprendre ce que le monde implique. Plusieurs sont aussi mondains qu'ils le peuvent tout en étant acceptés par la société en général comme étant des gens bons et religieux.

Quiconque n'est pas en Christ est automatiquement du monde. Quelqu'un qui n'est pas en Christ est avec les puissances des ténèbres ; il est dans le monde jusqu'à ce qu'il soit délivré de cet état par l'obéissance à l'évangile du Christ. La mondanité se manifeste généralement chez ceux qui ne sont pas mondains et non chez ceux qui le sont déjà. Certains experts croient qu'il y a quatre raisons pour lesquelles la mondanité existe : a) L'amour de l'argent, b) le plaisir de la chair, c) l'orgueil de la vie, et d) Le manque de foi.

La mondanité envahit de nombreux champs de la vie chrétienne d'aujourd'hui. Très souvent, Certains soi-disant leaders évangéliques refusent de condamner la danse. C'est encore là, une forme de péché de lascivité. (Marc 6 :22). D'innombrables personnes entrent tout bonnement dans des mariages non bibliques, tandis que Jésus a dit que « quiconque divorcerait de sa femme, excepté pour cause d'adultère, l'expose à devenir adultère. » (Matthieu 5 :32).

Des gens d'église ont tendance à justifier le fait de boire de l'alcool dans l'esprit de certains des participants en se basant sur leur propre sobriété. Cependant, la Bible condamne l'ivrognerie et la gourmandise.

> « C'est assez, en effet, d'avoir dans le temps passé accompli la volonté des païens, en marchant dans la dissolution, les convoitises, l'ivrognerie, les excès de manger et de boire, et les idolâtries criminelles. » (1 Pierre 4 : 3).

Pour surmonter la forme mortelle de la mondanité, il faut suivre les pas de Daniel. Daniel s'engagea à ne pas se souiller ; les chrétiens actuels devraient prendre le même engagement. La Bible nous dit que « Daniel résolut de ne pas se souiller par les mets du roi et par le vin dont le roi buvait, et il priait le chef des eunuques de ne pas l'obliger à se souiller. » (Daniel 1 : 8). Nous devons chercher les choses d'en haut.

> « Si donc vous êtes ressuscités avec Christ, cherchez les choses d'en haut, ou Christ est assis à la droite de Dieu. Affectionnez-vous aux choses d'en haut, et non à celles qui sont sur la terre. » (Colossiens 3 : 1-4).

Les saintes Ecritures nous rappellent que notre but dans ce monde est de servir Dieu et de marcher dans la sanctification pour plaire au Seigneur.

> « Ce que Dieu veut, c'est votre sanctification ; c'est que vous vous absteniez de l'impudicité. » (1 Thessaloniciens 4 : 3).

Paul fait une exhortation solennelle à la conscience de l'église du temps moderne et postmoderne. Il invite ou il exhorte les croyants à se transformer par le renouvellement de l'intelligence pour pouvoir discerner quelle est la volonté de Dieu, ce qui est bon, agréable et parfait. (Romains 12 :12).

K) Le racisme : un problème moral et social dans l'église

Le racisme est incontestablement un mal évident et omniprésent dans notre société. On l'a profondément ancré dans l'histoire et la culture de notre pays. Nous ne pouvons pas oublier le génocide des Amérindiens, l'assujettissement des Afro-Américains et les préjugés contre les Hispaniques, les Asiatiques et les autres immigrants.

Le racisme concerne fondamentalement le pouvoir et la cupidité. Il renferme un postulat, c'est le préjugé sur l'autorité génétique ou culturelle de certains groupes ethniques et raciaux. On l'incorpore dans des pratiques qui excluent ou certaines personnes ou certains groupes de personnes de leur humanité en raison de leur identité raciale et ethnique. Le racisme s'enracine dans notre style de vie, nos cultures, nos coutumes et même nos institutions sacrées dont personne dans un groupe influent ne peut s'empêcher complètement de bénéficier. Le racisme est un mal à multiples facettes et multiforme. Il est personnel, interpersonnel, public, privé, structurel, institutionnel et systématique. Presque personne ne peut échapper à son influence.

Les personnes de couleur sont les plus touchées par un tel système maléfique. Les noirs ont une longue histoire de résistance face à la discrimination raciale. Une telle opposition est profondément enracinée dans les églises chrétiennes. Certains dirigeants abolitionnistes étaient des personnes de foi et la rébellion contre l'esclavage a été principalement encouragée dans les églises « noires » durant l'époque du Mouvement des droits civiques, ce qui a poussé la question du racisme à l'ordre du jour des églises qui étaient dans le courant dominant. Malgré les efforts considérables du Mouvement pour les droits civiques, le racisme est encore un problème dans la société du vingt et unième siècle et dans l'église. Bien que nous encouragions la « liberté et la justice pour tous », le racisme continue de corrompre nos aspirations nationales et ecclésiastiques. Le racisme est un grand arbre dont les branches principales sont :

• Préjudice

C'est un sentiment d'aversion pour une personne ou un groupe en raison de la race, du sexe, de la religion. C'est une idée ou une opinion qui n'est pas fondée sur le fait, la logique ou l'expérience. C'est une attitude négative, surtout quand il s'agit d'une haine ou d'une intolérance pour certains types de personnes.

• Discrimination

C'est une pratique consistant à traiter injustement une personne ou un groupe de personnes différemment des autres personnes ou groupes de personnes. Pour le Centre de soutien aux droits humains, « La discrimination signifie un traitement ou un harcèlement inégal ou différent qui cause des dommages ».

• Ségrégation

Pour Mariam-Webster, c'est «la pratique ou la politique consistant à garder des personnes de diverses races, religions, etc., séparer les unes des autres ». Dans la discrimination raciale, ils restreignent les gens dans certaines zones de résidence confinées ou dans différentes institutions, écoles et églises.

• Le stéréotypage

Elle consiste à « croire injustement que tous les individus ou les choses ayant une caractéristique particulière sont les mêmes ». Certains chercheurs ont constaté que des stéréotypes existent dans différentes races, cultures ou groupes ethniques. Le stéréotypage entraîne un manque de précision dans la perception sociale. Le sexe, l'âge, la race, l'orientation sexuelle, la religion et la capacité physique sont des catégories différentes qui existent dans les stéréotypes. Les formes les plus étendues et les plus conflictuelles sont le sexe et la race.

L) Que dit la Bible au sujet du racisme ?

Comment le christianisme doit-il traiter une question aussi importante et omniprésente ? À la vue de l'Écriture, le racisme est un péché de fierté. Ici, on se considère mieux ou supérieur aux autres. La Bible nous met en garde contre une telle attitude. "Car si quelqu'un croit être quelque chose quoiqu'il ne soit rien, il s'abuse lui-même." (Galates 6 : 3).

La parole de Dieu nous encourage à mettre toutes les autres personnes sur un même pied d'égalité.

"Ne faites rien par esprit de parti ou par vaine gloire, mais que l'humilité vous fasse regarder les autres comme étant au-dessus de vous-mêmes. " (Philippiens 2 : 3-4).

Le racisme est enraciné dans la haine pour d'autres personnes en dehors d'un groupe, ou d'un gang. Cependant, la Bible dit :

"Celui qui dit qu'il est dans la lumière et qui hait son frère, est encore dans les ténèbres." (1John 2 : 9).

Pour les gens qui jugent les autres selon les apparences extérieures, l'Ecriture dit :

« Ne jugez pas selon l'apparence, mais jugez selon la justice. » (Jean 7 :24).

Le Seigneur a dit à Samuel :

"Ne prends point garde à son apparence et à la hauteur de sa taille, car le je l'ai rejeté. L'Eternel ne considère pas ce que l'homme considère ; l'homme regarde à ce qui frappe les yeux, mais l'Eternel regarde au cœur. " (Samuel 16 : 7).

Le racisme est un péché, c'est une maladie mortelle. Pour le guérir ou pour le vaincre, les chrétiens doivent suivre minutieusement les instructions et les prescriptions bibliques :

« Par conséquent, tout ce que vous voulez que les hommes fassent pour vous, faites-le de même pour eux ; Car c'est la loi et les prophètes. » (Matthieu 7 :).

"Vous aimerez votre prochain comme vous-même" (Matthieu 22 :39).

Et Pierre, lui, dit :

« En vérité, je reconnais que Dieu ne fait point d'acception de personne, mais qu'en toute nation, celui qui le craint et qui pratique la justice lui est agréable. " (Actes 10 : 34-35).

« Ne parler de rien dire de mal de personne, ne pas être litigieux, être doux, montrer toute humilité envers tous les hommes. Car nous étions encore autrefois insensés, désobéissants, égarés, asservis à toute espèce de convoitises et de voluptés, vivant dans la méchanceté et dans l'envie, dignes d'être haïs et nous haïssant les uns les autres. " (Tite 3 : 2-3).

Chapitre XII

Contexte de la religiosité et de la santé mentale

Historiquement, la religiosité, la spiritualité et la psychologie laïque ont été une source pérenne de conflits. Selon le dictionnaire Merriam-Webster, «la religion est un système organisé de croyances, de cérémonies et de règles utilisées pour adorer Dieu ou un groupe de dieux ». Selon Koenig, la spiritualité est «la quête personnelle pour comprendre les réponses aux questions ultimes sur la vie, sur le sens et sur les relations avec le sacré ou transcendant, qui peut (ou ne pas) conduire à surgir du développement des rituels religieux et de la formation d'une communauté. "

Jusqu'aujourd'hui, beaucoup de gens adhèrent à l'idée que, durant le Moyen Age, les problèmes de santé mentale étaient dû à des pratiques de sorcellerie ou de possession démoniaque. Sans nul doute, parce que certains savants modernes enseignent que le moyen âge était une période obscure. Il est évident que l'accent était mis sur la folie comme la démonologie. Les gens ignoraient les causes naturelles des troubles mentaux. De plus, les fous étaient torturés ou brûlés vifs. Cependant, après cette période sombre, ce point de vue obscurantiste a été prouvé faux.

Au milieu du dix-neuvième siècle, les soi-disant « prosélytistes scientifiques » et le psychiatre séculier ont créé les mythes de la victoire de la psychiatrie sur la démonologie et d'autres mythes sur le Moyen Âge sombre comme la terre plate, célébrant l'innovation scientifique et humanitaire qui avait sauvé l'humanité à partir de modèles superstitieux d'autorité chrétienne. Pour Vandermeersch, la naissance de la psychiatrie médicale à l'époque de Pinel n'était pas en contradiction avec la religion. L'opposition alléguée entre la médecine éclairée et la théologie obscurantiste ainsi qu'entre le médecin compatissant et l'homme d'église cruel était un mythe.

` L'histoire de la religion ainsi que celle des soins aux personnes souffrant de troubles mentaux convergent vers de nombreux points. Même durant la période du Moyen Âge de la civilisation occidentale, le clergé faisait partie de l'équipe des premiers soins des malades mentaux. L'activité de soins de l'âme n'est pas nouvelle dans le christianisme. "L'événement qu'il décrit a longtemps eu une place centrale dans le christianisme, et avant cela, dans le judaïsme". David affirme que le véritable soin de l'âme, cependant, ne se concentre jamais exclusivement sur un seul aspect de l'être humain (spirituel, psychologique, physiologique).

La plupart des scientifiques ne fondent pas l'influence de la religiosité, de la spiritualité et de la santé mentale sur la recherche empirique, mais sur l'expérience clinique et les opinions personnelles. Cela a amené Lukoff D., et al., à parler de « l'écart de la religiosité entre les professionnels de la psychologie et les patients ». La psychologie ou science de l'âme, est peut-être devenue la science sans âme, mais la psychologie thérapeutique a été beaucoup moins réussie que son équivalent académique (psychologie expérimentale) en se distanciant de la religion. (David B. page 41).
Il n'est pas étonnant que les psychologues laïques, ainsi que les psychiatres, soient plus enclins à être moins religieux que quiconque dans la population en général.

Ils semblent ne pas recevoir une formation suffisante pour s'engager dans des questions éthiques dans la pratique clinique. Ils ont beaucoup de difficultés à « comprendre et empathiser avec les croyances et le comportement religieux des patients ». David B. Larson, Jeffrey S. Levin, et al., ont été parmi les premiers explorateurs qui ont ouvert une nouvelle étape pour la science de la religion et de la spiritualité dans le domaine médical. Ils ont été parmi les premiers chercheurs qui ont mené une série d'études sur «la relation entre l'implication religieuse et la santé mentale chez les adultes ».

Il y a toujours eu des controverses au sujet de la religiosité et l'intrication de la santé mentale. Durant la période allant du début du Moyen Âge jusqu'à l'ère post-moderne, il y avait de nombreuses tendances qui favorisent le développement de relations plus amicales entre religiosité et psychiatrie pour aider les professionnels du mental à développer de nouvelles compétences pour mieux comprendre les facteurs religieux qui ont un impact sur la santé des gens.

Chapitre XIII

Spiritualité et santé mentale

À la fin du XXe siècle et au début du XXIe siècle, l'humanité a été témoin de nombreuses tentatives de la médecine holistique à traiter simultanément l'esprit et le corps. Une telle approche globale pour comprendre l'être humain comme un ensemble invisible a préparé un moyen doux et facile pour de nombreuses études de se plonger dans la spiritualité inquisitrice comme une mesure des aspects cognitifs, émotionnels, comportementaux, interpersonnels et psychologiques qui constituent un individu.

On peut étudier la relation entre la spiritualité et la santé mentale de nombreuses façons. L'activité visant à obtenir des informations sur le sujet provient d'une myriade de disciplines différentes les unes des autres : la psychologie, la psychiatrie, la théologie, les soins infirmiers et la gérontologie. Tous ces champs d'étude envisagent la relation entre les différentes composantes de ces deux théories de l'existence humaine.

Dans une perspective chrétienne ou biblique, la spiritualité est bénéfique pour la santé psychologique ou mentale. Dans Matthieu 6 :25, le Seigneur a dit :

> « C'est pourquoi je vous dis ; Ne vous inquiétez pas pour votre vie de ce que vous mangerez, ni pour votre corps quoi vous serez vêtus. La vie n'est pas plus que la nourriture, et le corps plus que le vêtement ? »

Cependant, les chercheurs posent la question suivante : "la religion est-elle bénéfique ou dangereuse pour la santé mentale ?"

Dans la culture du christianisme, la plupart des gens qui exercent la foi en Dieu, qui pratiquent la vie de prière et la pensée positive ont un si grand sentiment d'assurance et de réconfort qu'ils peuvent amener le Seigneur Jésus à enlever leurs fardeaux, à stimuler leur moral, à soigner leur affection mentale ou leur douleur physique. Ce n'est pas toujours le cas pour beaucoup d'autres gens. La spiritualité peut changer le cours de la vie de certains individus dangereux.

"Contrairement à ceux qui disent que la foi est la clé de la guérison intérieure, certains scientifiques croient que la religion érode la santé mentale ou même que la religion est une maladie - une" névrose obsessionnelle."

Selon Sigmund Freud, « La foi est destinée à promouvoir la culpabilité névrotique, la répression des sentiments sexuels et l'expression d'émotions négatives." Cependant, pour certains théologiens, l'expérience spirituelle peut être très thérapeutique, elle peut fournir les plus grandes expériences de joie, de paix, d'illumination et de pensées positives.

Chapitre XIV

Pensée positive et santé mentale

« Si vous pensez en termes négatifs, vous obtiendrez des résultats négatifs. Si vous pensez en termes positifs, vous obtiendrez des résultats positifs. »

Norman Vincent Peale, Le pouvoir de la pensée positive, 1952.

En tant que posture mentale et émotionnelle qui met l'accent sur la partie brillante de la vie, la pensée positive s'annonce comme force capable de générer des fruits ou des produits réels.

Il est évident que l'individu d'aujourd'hui espère le bonheur. Il s'attend à avoir une santé mentale et physique impeccables. Quelqu'un qui a une attitude positive fait l'expérience de la joie. Lorsque nous avons une pensée positive, notre être entier propage la bonne volonté, répand le bonheur et le succès, et notre santé en profite. La pensée positive est essentielle pour résoudre les problèmes de santé mentale.

Pour Norman Vincent Peale, « Il est dommage que les gens se laissent vaincre eux-mêmes, et ce n'est pas totalement nécessaire ».

La pensée positive comme remède à la santé psychologique fournit la tranquillité d'esprit, l'application pratique à la foi pour surmonter la défaite et accomplir la valeur de la vie. La pensée positive offre une grande joie ; cela contribue à la victoire sur soi-même et sur les moments difficiles de la vie.

Norman V. Peale croit que nous pouvons nous élever au-dessus des obstacles qui pourraient normalement nous vaincre en apprenant à les éloigner de l'esprit, en refusant de devenir mentalement subordonnés à eux et en canalisant le pouvoir spirituel à travers nos pensées.

Ceux qui croient pouvoir contrôler leur destin, qui ont ce que les chercheurs de plus d'un millier d'études ont appelé le lieu de contrôle interne, réussissent plus, gagnent plus d'argent et sont mieux outillés pour faire face aux problèmes. Croyez que quelque chose est hors de votre contrôle et elle le sera peut-être. Croyez que vous pouvez faire quelque chose, et vous le ferez. (David G. Myers et Malcolm A. Jeeves, psychologie par les yeux de la foi, 2003)

Chapitre XV

Correspondance entre la religion, la santé et le bien-être spirituel

Beaucoup de gens utilisent les termes religieux et spirituels de manière interchangeable. Cependant, il est important de dire qu'ils influencent notre bien-être de manière quotidienne. La religion fournit un système organisé de croyances et un ensemble de règles qui guident le comportement des gens, tandis que la spiritualité, «la qualité ou l'état d'être concerné par la religion ou les questions religieuses » fournit « des méthodes pour gérer les émotions intérieurement et en réglementant l'expérience et l'expression de ces émotions."

La contribution de la religiosité à notre bien-être est incroyable. Il est évident pour beaucoup de gens que la religion nous aide à nous engager dans un style de vie. Les personnes religieuses boivent généralement moins d'alcool, ne fument pas en général et sont en meilleure santé. La spiritualité aide à maintenir une vie disciplinée, elle aide à examiner ses sentiments et à mieux contrôler ses émotions. Il n'est pas nécessaire de mentionner que les personnes religieuses dévouées ont plus de ressources pour faire face aux stress de la vie.

Les personnes religieuses fidèles ne voient pas les fautes et les iniquités comme mauvaises, mais elles pensent que le don de la douleur nous met en communion avec Dieu. Selon Mark R, au cœur de la spiritualité chrétienne est une force de guérison avec Dieu. Nous avons été brisés et morts dans notre vie de péché quand Dieu, qui est riche en miséricorde, par un grand amour dont il nous a aimés, même lorsque nous étions morts par nos offenses, nous a vivifiés avec Christ (Éphésiens 2 : 4- 5). L'auteur croit que la rupture est une condition préalable à la compréhension de la grâce de Dieu, et surtout l'évangile ne nous laisse pas dans un désespoir. Selon l'Organisation mondiale de la santé, 1998, « le bien-être spirituel est une dimension de l'état de santé ainsi que les aspects corporels, psychiques et sociaux ».

Dans ses études, l'Organisation mondiale de la santé a inclus les notions de religiosité, de spiritualité et croyances personnelles dans 100 éléments de son instrument générique d'évaluation de la qualité de vie ". D'autres experts comme Mueller (2001) analysent l'association entre religieux / spirituel et l'implication physique, la santé mentale et la qualité de vie. Ils associent la participation religieuse et la spiritualité à un meilleur bien-être, y compris «la longévité, les capacités d'adaptation et la qualité de vie, ainsi que des niveaux plus bas d'anxiété, de dépression et de suicide ».

Pour beaucoup de savants (Malinowski, 1954 par ex), la religion est apparue comme un moyen de faire face à la mort. En effet, Sigmund Freud est connu comme le spécialiste qui a introduit les premiers débats sur la religion dans la sphère de la psychologie ; Il considérait la religion comme étant une solution illusoire contre les sentiments d'impuissance. Selon Freud, la vie après la mort serait fondée sur la peur de mourir. Il la compare à la peur de la castration, et la situation à laquelle le moi réagirait se sentait impuissante. (Freud, 1926/1980, p. 153).

Chapitre XVI

Prière : santé mentale spirituelle

Tout d'abord, il est important de comprendre le rôle de la prière dans la vie des gens. La prière a une double fonction dans la Bible, la pétition et le culte. Cependant, l'humanité tend à mettre l'accent sur la pétition, tout en négligeant le culte. Selon l'Oxford Dictionary of English, la prière est une demande sérieuse d'aide ou une expression de remerciements adressée à Dieu. Celui qui prie comprend de manière significative sa soif profonde de Dieu.

Il devrait être clair pour la plupart des professionnels de la santé que la spiritualité joue un rôle essentiel dans la santé mentale. Parce que, en tant qu'êtres physiques, les hommes et les femmes ont des besoins émotionnels et spirituels. Selon Mark R, les conseillers sensibles à la spiritualité peuvent parfois avoir besoin d'enseigner aux clients les vertus de la prière. Les instructeurs donnent leurs devoirs pour diverses raisons, et les devoirs de prière peuvent être considérés comme une tâche légitime pour de nombreux clients chrétiens.

« Si un counseling chrétien efficace amène les gens à un sens sain de l'identité de soi et à une plus grande conscience de leur rupture et de la condition humaine déchue, il prépare également les gens à se joindre à Dieu. Notre besoin nous pousse à une prière significative ».

Dans une perspective de conseil chrétien, la prière est une question de la plus haute importance. C'est une puissante aide spirituelle et psychologique pour le bien-être de l'être humain. La prière est pour le chrétien ce que l'air est au poumon. De nombreuses voix se sont élevées pour promouvoir l'importance de la prière en santé mentale.

Selon Hodge, D. R. et al ... (printemps 2010), les professionnels de la santé mentale devraient être conscients et empathiques à propos des besoins spirituels ou des pratiques religieuses de leurs clients. En effet, la Sainte Écriture, en particulier le Nouveau Testament, nous donne une liste exhaustive de cas d'individus mentalement troublés qui ont été guéris instantanément et en permanence par Notre Seigneur Jésus-Christ. Si nous prenons en compte les études récentes de plusieurs d'érudits, nous pouvons affirmer sans aucun doute le rôle que la religion, la spiritualité et la prière pourraient jouer dans l'amélioration du bien-être mental à notre époque.

Parlons de l'intégration des soins spirituels dans les soins de santé mentale. David G. Myers, et al, consacrent certaines études sur une corrélation entre la religion et la santé mentale.

"Dans de nombreuses études rapportées dans le Manuel de presse et de religion de l'Université d'Oxford, les croyances et les pratiques religieuses ont été associées non seulement à un plus grand bonheur autodéclaré, mais aussi à plus d'espoir et d'optimisme; Signification: une meilleure estime de soi, une meilleure prise en charge du deuil, moins de solitude, moins de dépression, moins de suicide, moins d'anxiété, moins de consommation de drogue et d'alcool, moins de délinquance et de criminalité et plus de stabilité conjugale ".

Dans une perspective biblique, certains diraient que les disciples de Jésus, les chrétiens semblent parfois être hors de leur sens. Ils semblent être insensés dans la défense de leur conviction en tant que croyants fidèles. Il est vrai que certains qui étaient avec Jésus ont éprouvé des émotions défavorables ainsi qu'une colère saine pour répondre à l'injustice, l'anxiété lorsqu'ils devaient faire face au danger, à la peine de faire face à la mort. Cependant, « ils ont volontairement connu l'humiliation, même la mort, comme le prix à payer pour ne pas s'adapter à la culture du monde. Pour les héros de la Bible, l'ajustement approprié - penser bien à soi-même et se sentir confiant sur le monde - n'était pas le but de la vie ».

L'Écriture Sainte ne dépeint pas le peuple de Dieu comme étant parfait. Pas du tout. Les patriarches, ou les héros de la foi ne sont pas décrits comme étant entièrement sans faute ou sans défaut. Par conséquent, « leur espoir ne repose pas dans le pouvoir de la foi humaine, mais l'amour inébranlable de Dieu ». Beaucoup d'études révèlent que les personnes qui prient, qui participent activement aux communautés de foi, ont une plus grande espérance de vie que beaucoup d'autres.

Chapitre XVII

Une preuve de corrélation entre la religiosité et la santé mentale

Beaucoup de gens ne peuvent s'empêcher de se questionner sur la corrélation entre la religiosité des personnes et leur santé mentale. En effet, depuis le dix-neuvième siècle, de nombreuses études ont analysé le rôle de la croyance religieuse dans la santé mentale et dans le comportement social.

Dans ses études pour déterminer la relation entre la religion et la santé mentale, Ventis a utilisé une approche psychologique pour classer les variables indépendantes de près de 200 découvertes provenant de 60 études afin de déterminer si des personnes avaient utilisé la religiosité comme un moyen, une fin ou une quête. En tant que moyen, la religion avait en général des relations contradictoires avec des indices de santé mentale tels que l'absence de maladie mentale et le comportement social approprié.

Au contraire, on découvre que la religion comme fin entretient une relation principalement positive avec les indicateurs de santé mentale dans une étude approfondie. L'expérience religieuse a le potentiel d'être thérapeutique à notre époque en fournissant des expériences de joie, de paix et d'illumination, mais plus souvent en nous rassurant, peu importe ce qui se passe, nous sommes aimés.

Chapitre XVIII

Corrélation entre la religion et la dépression

La dépression est le problème de santé mentale le plus courant dans l'hémisphère occidental, et sa manifestation est multiple. Beaucoup de symptômes le représentent comme des sentiments de tristesse, de misère, de fatigue liés à la perte d'appétit, le sexe, le sentiment d'échec, le sentiment de culpabilité, l'inutilité ou le désespoir, les problèmes de sommeil, etc.

La dépression peut conduire une personne à questionner même son existence, sa foi en Dieu : Pourquoi devrais-je vivre ? Pourquoi suis-je sur cette terre ? Pourquoi j'existe ? Selon Samuel B. Thielman, « Bien que la littérature sur la santé mentale du XXe siècle ait souvent montré une hostilité envers la religion, la réflexion médicale sur les troubles mentaux des temps précoces a souvent reflété une attitude beaucoup plus nuancée à l'égard de la religion et de la spiritualité. Historiquement, les médecins occidentaux ont eu une variété de vues sur la relation entre la religion, la spiritualité et la folie".

En fait, les traditions spirituelles, y compris la liturgie, le culte et la prière commune à de nombreuses religions peuvent être une source de sens et d'espoir pour les personnes touchées par la dépression. Pour ceux qui croient en Dieu ou qui trouvent un but dans la vie par la spiritualité ou la religion, ils placent souvent les adorateurs de l'église aux niveaux inférieurs de dépression.

Depuis des lustres, la religiosité et la guérison sont très liées. La fonction du clergé et du médecin a souvent été superposée à plusieurs reprises pendant des siècles et n'a pas été facile à séparer dans différentes cultures. La corrélation entre la spiritualité et la maladie mentale est encore plus gênante ou problématique que celle de l'association entre la spiritualité et la guérison physique. L'Écriture Sainte est une référence incroyable pour élucider la nature de la relation entre la spiritualité et la santé mentale : en 1 Samuel 21 :13, le jeune David feignit de la folie afin de nuire au roi Philistin Achiche.

> « Il se montra comme fou à leurs yeux, et fit devant eux des extravagances ; il faisait des marques sur les battants des portes, et il laissait couler sa salive sur sa barbe. »

La Bible mentionne même les turbulences émotionnelles du roi Saul. Elle dit que « l'Esprit du Seigneur s'est éloigné de Saül, et un esprit maléfique du Seigneur le tourmentait » (1 Samuel 16 :14).

Certains philosophes grecs, comme Platon, ont écrit sur la corrélation entre l'âme et la maladie mentale. Apparemment, Platon et son enseignement (le platonisme) ont profondément influencé la pensée chrétienne. Dans son œuvre célèbre, le philosophe Timaeus a discuté de la nature des maladies de l'âme (quatrième siècle av. J.-C. / 1977). Pour Platon, l'âme se compose de trois parties : 1. "La première partie est composée des facultés de la raison et de la décision, elle est dans la tête et elle est immortelle. 2. La partie de l'âme qui a éprouvé des émotions est dans le cœur. 3. L'âme qui a connu les appétits physiques est dans l'abdomen ".

Platon pensait que la plupart des cas de comportement aberrant pourraient être attribués à une anomalie physique. Lorsque l'esprit est trop grand pour le corps, son énergie secoue le cadre entier et le remplit de désordres intérieurs ; L'effort d'étude et de recherche le décompose, le stress et les controverses impliqués dans l'enseignement et l'argumentation, public ou privé, gonflent la fièvre et apportent des rhumes qui trompent les soi-disant médecins dans un mauvais diagnostique. Platon, à Timaeus (quatrième siècle / 1977, page 119)

Pour Thielman, la guérison de toutes sortes du monde antique semble avoir eu lieu dans un environnement de religion. De nombreux experts ont conclu que la religiosité a un certain degré d'association avec les troubles mentaux. Par exemple, Gartner a déduit que la plupart des éléments de preuve démontrent qu'ils associent la religion aux niveaux inférieurs de dépression.

Gartner J. Engagement religieux, santé mentale et comportement pro social : une revue de la littérature empirique. (Washington, DC : American Psychological Association, 1996).

Le psychiatre, le chercheur et l'éducateur distingué, Gary Kennedy, du Collège de médecine d'Albert Einstein, analyse le taux élevé d'activités religieuses chez les personnes âgées aux États-Unis et révèlent comment cette implication religieuse peut supprimer, modérer, dissuader ou prévenir les effets du stress qui mène à la dépression. Plus précisément, Kennedy met l'accent sur la corrélation entre la connexion religieuse ou l'affiliation et les signes dépressifs. Gary J. Kennedy (129) Département de psychiatrie gériatrique, Albert Einstein College of Medicine, New York, New York 10461.

Certains psychologues comme Kenneth Pargament et consort ont soulevé les questions suivantes : « La religion est-elle liée aux résultats de santé mentale par suite d'événements stressants de la vie ? L'adaptation religieuse est-elle plus utile à certains individus qu'à d'autres ? L'adaptation religieuse est-elle mieux adaptée à certains types de situations qu'à d'autres ? Kenneth I. Pargament (111) Département de psychologie, Bowling Green State University, Ohio 43403.

Ils concluent que la religion peut être utile, dommageable ou impertinente. Tout dépend du type d'adaptation religieuse, du spécimen, du statut et de la période que l'on veut utiliser. Pour Koenig et Fiterman, les études transversales tendent à trouver une plus grande religiosité subjective chez les personnes atteintes de maladie médicale sévère, ce qui indique que la religion ne peut être qu'une défense post hoc contre la maladie plutôt qu'un moyen de maîtriser la santé. Certaines études sur les comparaisons interculturelles démontrent que divers groupes religieux ont des attentes sociales différentes, des attitudes à l'égard de la maladie mentale.

Chapitre XIX

Soin pastoral

Qu'est-ce que le soin pastoral ?

Le soin pastoral est un concept qui a plusieurs significations. Certains observateurs croient que c'est le soin spirituel ou biblique offert par les ministres de certaines églises aux membres de leurs congrégations aussi bien qu'aux non-membres d'église qui viennent parfois à la foi dans la recherche de l'aide mentale en temps de crise. Le soin pastoral est une partie essentielle du travail d'un membre du clergé. Les conseils pastoraux ont trait à une forme de psychothérapie technique offerte par des professionnels de la santé mentale titulaires d'un permis ou qui ont reçu une formation en counseling pastoral. Ces conseillers professionnels ont souvent reçu une formation approfondie en théologie et en religion qui leur permet d'aborder les questions psycho-spirituelles et les problèmes de santé mentale auxquels beaucoup de personnes sont confrontées et avec lesquelles elles luttent quotidiennement.

Certains utilisent les termes « conseil (soin) pastoral » et « psychothérapie pastorale » de manière commutative. Cependant, plusieurs autres cherchent à établir une distinction entre les deux concepts. Ils pensent fondamentalement qu'on utilise le soin pastoral dans une situation de solution à court terme pour résoudre un problème. Pour sa part, la psychothérapie fait allusion à une relation thérapeutique à long terme ou plus approfondie entre le thérapeute et le client. Depuis le début de l'église, les pasteurs ont fourni (ou prodigué) un conseil (soin) spirituel comme une partie essentielle de leurs responsabilités globales de soin de l'âme. Mais aujourd'hui, la plupart des gens pensent que le soin pastoral est un domaine d'étude récent.

Dans son livre "A History of Pastoral Care in America" (Une histoire du soin pastoral en Amérique » publié en 1983, Holifield démontre que le développement de cette discipline remonte à la première décennie du XXe siècle lorsqu'un groupe de pasteurs de la Nouvelle-Angleterre commença à réfléchir à la façon dont l'église pourrait mettre en pratique spirituelle les méthodes nouvellement développées en conseil (soin) et en psychothérapie. Les pasteurs et les professionnels mentaux chrétiens sont des spécialistes en soins de l'âme.

> « L'âme est le point de rencontre du psychologique et du spirituel, ce qui signifie que les soins de l'âme s'inspirent à la fois des meilleures idées de la psychologie thérapeutique moderne et des approches chrétiennes historiques d'une distinction artificielle entre le psychologique et le spirituel ».

Chapitre XX

Unicité du soin pastoral versus psychothérapie laïque

Malgré de nombreuses similitudes entre le conseil pastoral, le conseil laïc et la psychothérapie, plusieurs choses le différencient des autres et le rendent unique. Le professionnel qui s'occupe des soins pastoraux est le pasteur, bien que les chefs laïques et les conseillers non professionnels formés et équipés puissent également accomplir le travail. L'unicité du soin pastoral comprend au moins trois aspects :

1. Le contexte du soin pastoral

Hiltner et Colston ont étudié le processus de soin dans différents contextes et ont découvert que, toutes choses étant égales par ailleurs, les soins se sont déroulés plus rapidement dans un contexte d'église.

2. Définition du soin pastoral

David G. Benner a décrit le soin pastoral comme l'établissement d'une relation limitée dans le temps qui est structurée pour apporter du réconfort aux personnes en difficulté en augmentant leur conscience de la grâce de Dieu.

3. Rôle du conseiller pastoral

Le conseiller pastoral représente une figure de l'autorité religieuse qui impliquent la valeur spirituelle et la croyance en Dieu, et ils sont censés apporter des significations chrétiennes à leurs problèmes. Le conseil ou soin pastoral est unique à cause des trois excellentes raisons suivantes :

1. Presque tous les conseillers pastoraux croient en Dieu.

2. Les problèmes spirituels, la foi en Dieu Tout-Puissant, et la croyance personnelle remplissent une fonction importante dans le processus de conseil (soin). Les conseillers pastoraux vous encouragent à utiliser votre foi pour résoudre et faire face aux épreuves de votre vie.

3. Les conseillers pastoraux ont une connaissance approfondie de la théologie ou d'un domaine connexe, et ils sont très bien préparés pour résoudre de nombreux problèmes liés à la foi et à la spiritualité chrétienne. Le conseil pastoral s'inscrit dans le contexte des ministères de la protection de l'âme.

Contrairement à la psychothérapie laïque, le conseiller pastoral n'a pas le choix de limiter les contacts avec ceux qu'ils ont vus en consultation. Le pasteur conseiller s'engage également auprès des paroissiens de la chaire, dans les comités, les activités de la Congrégation, et même à la porte après les services de l'église.

> "Le conseil pastoral est une expression réparatrice de soin pastoral, cherchant à apporter la guérison à ceux qui souffrent d'un dysfonctionnement et d'une rupture provoqués par une crise. »

Les pasteurs rendent des visites aux membres qui sont malades, ils les marient et les enterrent. Ils doivent toujours prodiguer des soins pastoraux à la lumière de la Parole de Dieu. Le soin pastoral est différent de la prédication ou de toute autre responsabilité du ministère. Une façon de comprendre l'essence du soin pastoral est de le considérer comme une façon structurée d'être avec une personne qui cherche de l'aide. Carl Jung est réputé avoir dit que ce n'est pas ce que vous faites ou ce que vous savez qui fait la différence dans le soin pastoral mais plutôt qui vous êtes. Le bien-être psycho-spirituel du conseiller chrétien augmente ou limite l'utilité du conseil plus que n'importe quel autre facteur lié au conseiller ou au processus de soin.

" Selon Benner, le counseling ou soin pastoral n'est pas simplement être ; c'est avec. Si le conseil commence avec la personne du conseiller, il va rapidement au-delà de cela pour devenir une personne avec une autre personne. Cela a amené Olthius (1989) à suggérer que l'être-avec est la métaphore primaire de la foi chrétienne, celle qui capture le mieux l'essence de la relation d'alliance que Dieu offre à son peuple. Les pasteurs sont les seuls professionnels du counseling ou soin pastoral qui ont une formation approfondie en théologie systématique, en études bibliques et en éthique, et ce cadre de compréhension donne aux conseillers pastoraux une perspective inestimable sur ceux qui cherchent leur aide.

Chapitre XXI

Les objectifs du soin pastoral

Le but fondamental du soin pastoral est la croissance de la ressemblance à Christ. Cela implique non seulement d'aider le conseiller dans les différentes disciplines spirituelles, mais aussi d'élaborer sa spiritualité dans sa vie quotidienne ordinaire. "La maturité chrétienne implique de devenir de plus en plus semblable au Seigneur Jésus par une obéissance accrue à la volonté du Père.

> "Un bon conseiller aidera le client à franchir le chemin de l'obéissance à Dieu. C'est ce que Crabb appelle l'objectif MOVE OVER. Cela aide la personne à répondre bibliquement aux circonstances problématiques, à se déplacer. Cependant, un chrétien doit faire plus que changer son comportement. Cela conduira à l'objectif MOVE UP."

Le but du conseil biblique est de promouvoir la maturité chrétienne, d'aider les gens à entrer dans une expérience de culte plus riche et un service de vie plus fructueux.

"Selon Lawrence Crabb, « Parce que le but du counseling dépend clairement de son système de valeurs, et parce qu'il y a un segment important de notre société attaché à une éthique chrétienne évangélique, il semble clair qu'un système de conseil biblique a une place nécessaire dans le monde des approches de conseil professionnel." Chaque chrétien a un but dans sa vie, et son but devrait être de devenir chaque jour de plus en plus comme le Christ.

> « Chers amis, nous sommes maintenant des enfants de Dieu, et ce que nous serons n'a pas encore été révélé, mais nous savons que lorsque le Christ apparaîtra, nous serons semblables à lui, car nous le verrons tel qu'il est. (1 Jean 3 : 2). "

Chapitre XXII

Soin pastoral et comportement humain affectant les membres et les familles de l'église

La violence domestique

La violence domestique est parmi les problèmes les plus importants qui envahissent l'église d'aujourd'hui. C'est une pandémie dans notre société actuelle. Des centaines de milliers de femmes subissent la violence domestique chaque année. La violence domestique n'affecte pas seulement les femmes mais aussi les hommes. C'est un monstre multi-têtes qui pourrait prendre plusieurs formes.
Elle est physique, psychologique ou émotionnelle.

La violence physique comprend tout acte ou comportement qui inflige ou cause des dommages physiques, comme le fait de lancer des objets, utiliser une arme, donner des coups de pied, frapper, etc.

La violence psychologique ou émotionnelle, c'est quand on utilise une déclaration ridicule ou avilissante, des mots pervers, la rétention d'affection ou de privilèges. C'est aussi le fait de blâmer un conjoint ou un partenaire.

La violence sous forme de menace est une autre forme de violence psychologique. Ce trouble peut impliquer des menaces verbales, d'utiliser des armes, des gestes menaçants, etc.

La violence domestique peut présenter plusieurs aspects.

Le premier aspect est la période de construction de tension. Des discussions parfois insignifiantes, un manque de confiance, de respect et de discipline peut causer des irritations à propos des choses qui peuvent mener à des confrontations inévitables.

Le deuxième aspect est la violence aiguë. Ici, l'agresseur libère son comportement agressif sur son conjoint. L'agression peut être verbale ou physique.

Il y a l'angle du remords, qui est une période de calme apparent qui suit l'explosion de la violence. Pendant cette période, le frappeur ou le conjoint abusif semble exprimer des remords. Il fait généralement la promesse que la violence ne se reproduira plus jamais. Un tel comportement peut souvent provenir d'un sens véritable de la culpabilité à l'égard de la blessure qu'il fait subir à son conjoint ou à son partenaire.

La réponse pastorale à la violence domestique

Les pasteurs sont en première ligne pour identifier les cas de violence domestique et aider les familles en temps de crise. La participation pastorale doit inclure les trois objectifs principaux suivants :

1. Sécurité pour les victimes et les enfants ;
2. Responsabilité et traitement pour les agresseurs ; et
3. Le rétablissement des victimes et des agresseurs et, espérons-le, la réconciliation de la relation.

Les ministres sont encouragés à se considérer comme les premiers intervenants :

- Ecouter et croire l'histoire de la victime
- Aider la victime à évaluer le danger pour elle-même et ses enfants. Rassurez-la que l'abus n'est pas sa faute. Elle ou il n'est pas à blâmer.
- Référer la victime au soin pastoral et à d'autres services spécialisés. Respecter le besoin de confidentialité de la victime.
- Soyez préoccupé par les blessures de la victime. A-t-il besoin ou a-t-il reçu des soins médicaux ?
-

Le Pasteur conseiller ne devrait pas :
- Dire à la victime quoi faire, quand partir ou ne pas y aller.

- Dire à la victime qu'elle doit rester à cause des enfants.
- Secourir la victime en essayant de prendre des décisions pour elle.
- Proposer de parler au conjoint pour redresser les choses.
- Dire à la victime qu'elle a tort de vouloir rester avec elle, son partenaire ou conjoint.
- Recommander des conseils en matière de mariage ou des séminaires d'enrichissement du mariage jusqu'à ce que le conjoint ou le partenaire ait terminé son traitement.

Chapitre XXIII

Comment le soin pastoral devrait-il gérer l'adultère ?

L'infidélité ou l'adultère est une épidémie dans la communauté ecclésiale d'aujourd'hui. Comment le soin pastoral gère-t-il ce comportement ? L'adultère est un péché méprisable qui perturbe tant de mariages, de foyers, d'enfants et de vies précieuses et belles. L'adultère est une chose terrible.

Cette chose laide et hideuse a des conséquences terribles, mais malgré sa laideur horrible, il peut en résulter une grande miséricorde et une rédemption. Si l'église qui est le corps du Christ traite l'infidélité à la manière de Jésus, elle peut rendre beaucoup de gens à Dieu. Tout le monde devrait comprendre comment le péché d'adultère affecte gravement les mariages et toutes les parties impliquées. Nous vivons dans une culture très sexualisée au nom de la démocratie ou des droits de l'homme.

L'apostasie devient une règle aujourd'hui comme elle n'a jamais été. Dans une église moderne et post-moderne évoluant dans un tel état spirituel, tout semble permis. Les gens devraient toujours se souvenir que Dieu ne tolère jamais le péché ; l'église ne devrait jamais le tolérer non plus. Cependant, il faut savoir et être encouragé par cette grande nouvelle, le sang de Jésus a déjà payé la pénalité pour chaque péché qui a été commis. En effet, le septième commandement de Dieu dans Exode 20 : 14, concerne notre infidélité à Christ. Violer le septième commandement, c'est rompre l'alliance avec le Dieu d'Abraham, d'Isaac et de Jacob. La révolution sexuelle dans le monde d'aujourd'hui, même dans l'église, est une rébellion contre Dieu.

Le septième commandement de Dieu dit : "Tu ne commettras point d'adultère". Autrement dit, le devoir qui est exigé dans le septième commandement est la chasteté au plan corporel aussi bien qu'au plan de l'esprit, des affections, des œuvres et du comportement.

Selon la Bible de Genève de 1599, outre la négligence des devoirs requis, les péchés interdits par le septième commandement sont: l'adultère, la fornication, le viol, l'inceste, la sodomie et la convoitise naturelle; des regards immoraux, toutes les imaginations, pensées, buts et affections impures; toutes les communications corrompues ou sales à ce sujet; comportement impudent ou léger, vêtements impudiques; enchevêtrements de vœux de célibat, retard indu du mariage, polygamie; divorce injuste, désertion, désœuvrement, gourmandise, ivrognerie, tromperie; chansons lascives, livres, images, danses, pièces de théâtre; et toutes les provocations ou actes d'impureté.

Ne savez-vous pas que vos corps sont des membres de Christ ? Prendrai-je donc les membres de Christ, pour en faire les membres d'une prostituée ? Loin de là !

> "Ne savez-vous pas que celui qui s'attache à la prostituée est un seul corps avec elle ? Car, est-il dit, les deux deviendront une seule chair. Mais celui qui s'attache au Seigneur est avec lui un seul esprit. Fuyez l'impudicité. Quelque autre péché qu'un homme commette, ce péché est hors du corps ; mais celui qui se livre à l'impudicité pèche contre son propre corps. Ne savez-vous pas que votre corps est le temple du Saint Esprit qui est en vous, que vous avez reçu de Dieu, et que vous ne vous appartenez point à vous-mêmes ? Car vous avez été rachetés à un grand prix. Glorifiez donc Dieu dans votre corps et dans votre esprit, qui appartiennent à Dieu." (1 Corinthiens 6 : 15-20).

Il devrait être évident pour tous que l'adultère est un péché qui produit des résultats traumatiques. C'est aussi un péché contre la famille, qui est la cellule primaire ou fondamentale de la société humaine. C'est la rupture des vœux entre un homme et une femme. C'est un péché horrible contre nos enfants. L'adultère est la cause la plus apparente du divorce, l'infidélité a fait des millions d'enfants sans père et sans mère à la maison, et cela crée de terribles problèmes dans la vie des enfants du monde entier. L'adultère est mauvais, et il est dommageable pour la société depuis le début de l'histoire de la civilisation humaine.

Selon la loi de Moïse, l'adultère est sous le coup de la peine capitale. Par conséquent, n'y a-t-il aucun espoir pour les adultères ? Devrions-nous nous précipiter à les juger et les condamner ou les clouer au pilori ? Quelle est la position du Seigneur envers ceux qui sont surpris en flagrant délit d'adultère ? Dieu est miséricordieux. Jésus a déjà payé pour nos péchés sur la croix. La femme surprise en flagrant délit d'adultère par les scribes et les pharisiens est un témoignage éloquent de la miséricorde de Dieu.11 La Bible de Genève de 1599, Tolle Press Restora ; on 2008.

Les scribes et les pharisiens lui amenèrent une femme surprise en flagrant délit d'adultère. Et quand ils l'eurent placée au milieu, ils lui dirent : Maître, cette femme a été surprise en flagrant délit d'adultère. Moïse, dans la loi, nous a ordonné que de telles femmes soient lapidées.

"Alors les scribes et les pharisiens amenèrent une femme surprise en adultère ; et, la plaçant au milieu du peuple, ils dirent à Jésus : Maître, cette femme a été surprise en flagrant délit d'adultère. Moïse, dans la loi, nous a ordonné de lapider de telles femmes : toi donc, que dis-tu ? Ils disaient cela pour l'éprouver, afin de pouvoir l'accuser. Mais Jésus, s'étant baissé, écrivait avec le doigt sur la terre.

Comme ils continuaient à l'interroger, il se releva et leur dit : Que celui de vous qui est sans péché jette le premier la pierre contre elle. Et s'étant de nouveau baissé, il écrivait sur la terre. Quand ils entendirent cela, accusés par leur conscience, ils se retirèrent un à un, depuis les plus âgés jusqu'aux derniers ; et Jésus resta seul avec la femme qui était là au milieu. Alors s'étant relevé, et ne voyant plus que la femme, Jésus lui dit : Femme, où sont ceux qui t'accusaient ? Personne ne t'a-t-il condamnée ? Elle répondit : Non, Seigneur. Et Jésus lui dit : Je ne te condamne pas non plus : va, et ne pèche plus". (Jean 8 : 3-5, 6-11).

Oui, il y a de l'espoir pour les adultères. Cependant, ils doivent d'abord se repentir renoncer à ce péché.

Chapitre XXIV

Comment le soin pastoral peut-il aider les efféminés ?
Contexte de la culture et de l'Église

Dans la littérature et les églises au cours des dernières décennies du XXe siècle et à l'aube du XXIe siècle, il y a eu des changements substantiels dans les attitudes envers l'homosexualité. Il y a de l'ambivalence et des attitudes changeantes envers l'homosexualité.

De nombreux conseillers pastoraux changent leurs attitudes à l'égard de l'homosexualité en raison de l'évolution des climats culturels et ecclésiaux. On parle de la reconnaissance du gay et de sa qualité d'être digne d'honneur ou de respect en tant qu'être humain. Il y a une tendance notable à la promotion de leurs droits politiques, juridiques, religieux et sociaux.

Malgré l'intolérance il y a eu d'énormes changements dans la législation en ce concerne les droits des homosexuels, ce qui favorise une ascension ou une augmentation des attitudes sociales positives envers l'homosexualité. Dans la culture d'aujourd'hui, les gays et les lesbiennes semblent être omniprésents dans les activités de la vie quotidienne. Nous les trouvons dans toutes les professions.

Depuis les années 1970, il y a eu un effort significatif vers des attitudes plus humaines et plus tolérantes envers les homosexuels et les lesbiennes dans toutes les sphères de la société américaine. Aujourd'hui, le comportement efféminé est reconnu au niveau national, et les droits des efféminés ou des gays et des lesbiennes sont reconnus.

Naturellement, les traditions judéo-chrétiennes ont toujours condamné l'homosexualité, mais les érudits récents ont cru qu'avant, les églises chrétiennes du treizième siècle auraient été plus tolérantes. Par conséquent, quelle est la position de l'Écriture à l'égard de ce comportement ?

Position de l'Ancien Testament

L'homosexualité existe parmi tous les peuples et toutes les cultures depuis le début de l'histoire humaine. On a rarement vu un tel comportement chez les animaux mâles. Tout fidèle serviteur de Dieu devrait avoir l'obligation de prendre au sérieux le sujet de l'homosexualité d'un point de vue pastoral. Comment l'Écriture traite-t-elle l'effémination ?

L'Ancien Testament a décrit le comportement homosexuel comme toevah (abomination ou mal).

> "N'ayez pas de relations sexuelles avec un homme comme on le fait avec une femme ; c'est détestable. " (Lévitique 18 : 22)"

> "Si un homme a des rapports sexuels avec un homme comme on le fait avec une femme, tous les deux ont fait ce qui est détestable : ils doivent les mettre à mort, leur sang sera sur leur tête." (Lévitique 20 : 13).

Le peuple de Dieu devrait rester entièrement séparé.

L'abomination englobe plus que le mal moral. Les enfants d'Israël ne devraient jamais pratiquer de telles choses hideuses qu'ils observent chez les gens d'alentour. Ces pratiques idolâtres comprennent aussi la prostitution au temple.

Position du Nouveau Testament

Le Nouveau Testament n'est pas du tout muet sur l'homosexualité. Paul accuse aussi bien les hommes que les femmes d'avoir agi contrairement à leur nature en ayant des relations homosexuelles. Nous avons trouvé les premières références dans les écrits de Paul dans Romains 1 : 18-32, 1 Cor. 6 : 9-10 et 1 Tim. 1 : 8-11.

> "A cause de cela, Dieu les livrait aux convoitises honteuses, et même leurs femmes échangeaient des relations naturelles contre des désirs artificiels, de même que les hommes abandonnaient les relations naturelles avec les femmes et s'enflammaient les uns les autres. Avec d'autres hommes, et ont reçu en eux-mêmes la pénalité due pour leur erreur. " (Romains 1 : 26-27).

Les Écritures déclarent avec éloquence et de façon péremptoire, que le comportement homosexuel exclut quelqu'un du royaume de Dieu.

> " Ne savez-vous pas que les injustes n'hériteront point le royaume de Dieu ? Ne vous y trompez pas : ni les impudiques, ni les idolâtres, ni les adultères, ni les efféminés, ni les infâmes, ni les voleurs, ni les cupides, ni les ivrognes, ni les outrageux, ni les ravisseurs, n'hériteront le royaume de Dieu. (1 Cor 6 : 9-10).

En effet, l'Écriture sainte condamne avec véhémence le comportement homosexuel. N'y a-t-il donc aucun espoir pour les gais et les lesbiennes ? Devrions-nous envoyer tous les efféminés en enfer ? Loin de là !

Les conseillers pastoraux des homosexuels devraient tous avoir une connaissance claire de la complexité et de l'ambiguïté de l'homosexualité dans la culture et les églises d'aujourd'hui. On doit comprendre que les conseillers et les clients sont dans une période de transition dans leurs perceptions et leurs réactions à l'égard de l'homosexualité. Les conseillers pastoraux doivent examiner leur conscience, soit dans une réflexion personnelle, soit sous la direction d'un directeur, concernant leurs propres battements intériorisés au niveau psycho-spirituel. Ils ont l'air préjudiciable à l'égard des homosexuels en tant que "personnes ayant des problèmes" plutôt que "imago Dei".

> "Ni les immoraux sexuels, ni les idolâtres, ni les adultères, ni les hommes qui ont des relations sexuelles avec des hommes, ni les voleurs, ni les cupides, ni les ivrognes, ni les calomniateurs, ni les escrocs n'hériteront du royaume de Dieu. Et c'est ce que vous étiez certains d'entre vous. Mais vous avez été lavés, vous avez été sanctifiés, vous avez été justifiés au nom du Seigneur Jésus-Christ et par l'Esprit de notre Dieu. "I Cor. 6 : 9-11).

Oui, comme certains d'entre vous aviez été lavés, sanctifiés, justifiés par la grâce de Dieu, par le Seigneur Jésus-Christ et par l'Esprit de notre Dieu, les personnes homosexuelles peuvent être sauvées par le lavage ou la purification du sang de Jésus-Christ.

Cependant, ils doivent se repentir sincèrement et ne plus CONTINUER à vivre dans ce péché.

> "Car Dieu a tant aimé le monde qu'il a donné son fils unique, afin que quiconque croit en lui ne périsse point, mais qu'il ait la vie éternelle. Car Dieu n'a pas envoyé son Fils dans le monde pour condamner le monde, mais pour que le monde soit sauvé par lui. " (Jean 3 : 16-17).

Oui, il y a de l'espoir de rédemption pour les efféminés aussi. Dieu les aime aussi. Par la repentance, le pardon est possible et le salut est gratuitement accordé.

Conclusion

Il existe une variété de réponses sur la compatibilité et l'incompatibilité de la psychologie laïque et de la psychologie chrétienne. Le vrai christianisme partage un engagement commun envers le mot de Dieu comme inspiré et faisant autorité. La psychologie comprend une vaste gamme de domaines spécialisés. La possibilité d'un conflit qui se produit entre la psychologie et la foi chrétienne est beaucoup plus évidente dans les secteurs tels que le conseil ou la théorie de la personnalité que dans le domaine de la perception visuelle ou des causes de l'oubli.

Selon le domaine de spécialité, un chercheur concentre son évaluation, le degré de compatibilité de la psychologie et du christianisme peut varier considérablement. En bref, il est possible d'utiliser la psychologie dans le ministère chrétien, même si l'utilisation de la psychologie n'est pas une tâche facile. Des deux côtés, il y a des limites.

La vérité théologique impose certaines restrictions à l'utilisation de la psychologie et de la pensée psychologique. Là où il y a une tension entre la psychologie et la théologie, il faut s'attendre à ce que l'unité de la vérité prédomine ou triomphe finalement pour permettre la cohérence qu'ils devraient établir entre les deux disciplines. Leur intégration est évidente, mais ils doivent le faire judicieusement. La psychologie et le christianisme travaillent ensemble pour faire face à de nombreuses questions morales et sociales comme l'homosexualité, le racisme, l'occultisme, la mondanité, etc., envahissant notre société et l'église.

Parmi les problèmes de comportement humain importants qui envahissent la communauté ecclésiale et les familles, il y a la violence domestique, l'adultère et l'homosexualité. Le conseil pastoral est un outil essentiel pour aider à faire face à ces problèmes. C'est une partie essentielle du travail d'un membre du clergé. Le conseil pastoral est unique dans sa manière de traiter ces problèmes. Son unicité a à voir avec le contexte du soin pastoral, sa définition et son rôle.

La violence domestique n'affecte pas seulement les femmes mais aussi les hommes. C'est un monstre aux multiples facettes. La violence domestique est physique, émotionnelle et psychologique. L'adultère est un péché méprisable qui perturbe tant de mariages, de foyers, d'enfants et de vies précieuses et belles. L'adultère est une chose terrible. Cette chose laide et hideuse a des conséquences terribles, mais malgré sa laideur horrible, il peut en résulter une grande miséricorde et une rédemption.

Si l'église qui est le corps du Christ traite l'infidélité à la manière de Jésus, elle rendra beaucoup de gens à Dieu. Dans la culture d'aujourd'hui, les gays et les lesbiennes semblent être omniprésents dans les activités de la vie quotidienne. Ils se trouvent dans toutes les professions. Ils sont dans tous les domaines de la vie ; ils adoptent tous les tempéraments et les modes de vie. Il y a un espoir de rédemption pour le frappeur, l'adultère et l'efféminé, mais ils doivent se repentir et ne plus pécher.

BIBLIOGRAPHIES

Carol M. Noren. *En temps de crise et de chagrin Un Guide de ressources du Manuel des ministres.* San Francisco: Jossey-Bass, 2001.

David G. Benner. *Care of Souls.* Bakers Books, Grand Rapids, 2006.

David K. Switzer. *The Minister as Crisis Counselor.* Abingdon Press, Nashville, 1974. Harold W. Faw. *Psychologie dans la perspective chrétienne.* Grand Rapids, MI : Baker Academic, 1995.

Howard Clinebell. *Basic Types of Pastoral Care & Counseling.* Abingdon Press,1984. Jay E. Adams. *Le manuel du conseiller chrétien.* Grand Rapids, Michigan : Zondervan, 1973. John D. Carter et Bruce Narramore. *L'intégration de la psychologie et de la théologie, une introduction.* Grand Rapids: ZondervanPublishingHouse, 1979.

Larry Crabb. *Effective Biblical Counseling.* Zondervan Publishing House, Grand Rapids, 1977.

Lawrence J. Crabb Jr. *Basic Principles of Biblical Counseling.* Zondervan Publishing House, Grand Rapids, 1975. Mark R. McMinn. *Psychologie, théologie et spiritualité dans le counseling chrétien.* Wheaton Illinois : Tyndale House Publishers, Inc., 1996.

Paul D. Meier, Frank B. Minirth, et al. *Introduction à la psychologie et au counseling. Christian Perspectives and Applications*. Grand Rapids, Michigan : Baker Books, 1991.

COMMENTAIRES :
Scofield, C. I. *Les commentaires de la Bible de référence de Scofield*. New York: Oxford University Press, 1998.
Kenneth L. Baker, John H. Stek, et al. *NIV Study Bible*. Grand Rapids: Zondervan, 2002.
George et Charles Merriam. *Dictionnaire Merriam Webster*. Springfield, Massachusetts: Merriam-Webster incorporé, 1831.

9 781720 630906